La technique psychanalytique

Sigmund Freud

La technique psychanalytique

Traduit de l'allemand par
Janine Altounian, Anne Balseinte, André Bourguignon,
Pierre Cotet, Pascale Haller, Daniel Hartmann,
René Lainé, Jean Laplanche, Alain Rauzy,
François Robert, Johanna Stute-Cadiot, Eike Wolff

Préface de Christophe Dejours

QUADRIGE / PUF

NOTE DE L'ÉDITEUR

L'édition des *Œuvres complètes* de Freud est publiée en langue française avec l'autorisation de S. Fischer Verlag GmbH, Frankfurt am Main, et de la Sigmund Freud Copyright, Colchester, accordée aux éditeurs français Gallimard, Payot, Presses Universitaires de France.

Une large part du matériel critique est empruntée à la *Standard Edition of the Complete Psychological Works of Sigmund Freud,* London, The Hogarth Press and the Institute of Psycho-Analysis, édition établie par James Strachey, Alix Strachey, Alan Tyson et Angela Richards.

La présente traduction reproduit à l'identique celle qui figure dans les tomes VI, X, XI, XII, XV des *Œuvres complètes de Freud / Psychanalyse (OCF.P).* Elle tient compte de la révision effectuée par l'équipe éditoriale (J. Altounian, A. Bourguignon, P. Cotet, J. Laplanche, F. Robert). La cohérence entre les deux éditions (*OCF.P* et *Quadrige*) est assurée par A. Rauzy.

En marge figure la pagination originale des Gesammelte Werke.
Les conventions relatives à la présentation de ces textes de S. Freud et les principales abréviations sont présentées en fin de volume.

Direction de la publication	André Bourguignon Pierre Cotet
Direction scientifique	Jean Laplanche
Terminologie : Responsable	Jean Laplanche
Co-responsable	François Robert
Harmonisation	Janine Altounian
Notices, notes et variantes	Alain Rauzy
Glossaire et index	François Robert

ISBN 978-2-13-057978-6
ISSN 0291-0489

Dépôt légal — 1re édition : 2007
2e édition : 2010, janvier

PRÉFACE

Les textes constituant le présent volume ont été choisis et rassemblés par Daniel Lagache (1953). C'est dans la nouvelle traduction des Œuvres complètes de Freud aux Presses Universitaires de France, réalisée sous la direction de Jean Laplanche, qu'est proposée l'édition d'aujourd'hui. On y trouvera une somme impressionnante d'indications, recommandations, principes et règles formulés par Freud sur une période de quinze ans entre 1904 et 1919. Ce recueil toutefois ne donne pas tous les textes où il est question de technique. Par exemple ce qui figure dans les textes sur l'analyse de Dora (1905), de l'homme aux rats (1909), du petit Hans (1909), de l'homme aux loups (1918), ou encore dans des articles tardifs mais importants au regard de la technique que sont « Analyse avec fin et sans fin » ou « Constructions dans l'analyse » qui datent tous deux de 1937.

Ce florilège a toutefois l'avantage d'une grande cohérence, non seulement quant aux préoccupations de Freud à cette époque vis-à-vis de la *pratique* du métier de psychanalyste, mais aussi par rapport au cadre théorique. En effet tous ces textes se situent avant le grand tournant théorique de 1920 introduisant le dualisme pulsion de vie - pulsion de mort (« Au-delà du principe de plaisir »), et avant la mise en place de la deuxième topique – ça, moi, surmoi – de 1923 (« Le Moi et le Ça »).

En d'autres termes, tous ces textes analysent les processus psychiques – ou animiques – de la cure, par référence exclusive à la première topique inconscient-préconscient-conscient, ce qui à certains égards en simplifie la lecture ; et par référence à la théorie des pulsions de 1915 (« Pulsions et destins de pulsions »).

Les motifs de Freud pour écrire ces textes sont de trois ordres :

— dégager ce qui distingue la technique psychanalytique de la méthode cathartique ;

— apporter une aide aux praticiens qui commencent à en découdre avec le difficile apprentissage du métier de psychanalyste ;
— argumenter la rigueur scientifique de la technique par rapport à ses objectifs et répondre aux détracteurs de la psychanalyse.

Psychanalyse *versus* catharsis

Avant la psychanalyse il y avait la *thérapie cathartique* (inventée par Breuer) qui reposait sur la possibilité d'induire chez le patient un retour à l'état psychique dans lequel il était à l'époque où le symptôme (que le traitement se devait de faire disparaître) était apparu la première fois. Ce retour au moment inaugural du symptôme était obtenu par le truchement de l'*hypnose*, qui donnait directement accès aux affects « coincés » par la mutation, ou « conversion », en symptôme imposée autrefois aux « processus psychiques réprimés ». Cette régression au passé permettait de défaire le montage symptomatique et d'en libérer l'affect séquestré : éconduction, décharge, abréaction ou « catharsis » ; ce qui rendait désormais ledit symptôme inutile.

La méthode cathartique et l'hypnose sont abandonnées. Puis la *suggestion* classiquement associée à l'hypnose est à son tour écartée par Freud.

On trouvera dans le recueil les arguments de Freud contre la suggestion ainsi que contre l'hypnose et la catharsis. Les détails de l'argumentation sont importants en ceci qu'ils ne constituent pas seulement une critique péjorative de ces procédures ; ils sont au contraire l'occasion pour Freud d'identifier toute une série de processus psychiques « tuilés » (privation, frustration, désirance, souffrance, transfert, résistance, névrose de transfert, remémoration, élaboration, perlaboration) que, précisément, la méthode cathartique court-circuite. « Finalement Freud ne recourra plus à la suggestion, se fiant simplement aux libres associations ["aux idées incidentes" : Einfälle]. En apparence, la finalité de la cure (...) demeure la même (...). Mais en fait (...) cette évolution technique va de pair avec un changement de perspective dans la théorie de la cure (...). Dans cette mesure, l'effet cathartique lié à l'abréaction cesse d'être le ressort majeur du traitement » (J. Laplanche et J.-B. Pontalis, « Méthode cathartique », in *Vocabulaire de la psychanalyse,* Paris, PUF, 1971). En fait, non seulement la catharsis n'est plus le ressort majeur du traitement, mais l'objectif de la cure lui-même a été notablement déplacé. Il ne s'agit plus tant de « liquider » un symptôme, que d'ouvrir la voie à un remaniement de « la vie d'âme » tout entière.

« Libérer la sexualité non pas en sorte que l'homme soit désormais dominé par la sexualité, mais que le processus pathologique soit remplacé par le renoncement » (phrase de Freud citée par Paul Roazen, in *Comment Freud analysait.* Cinquième partie : « L'homme aux loups », « Dora » et quelques autres, page 9, Bibliothèque de psychanalyse). Les remaniements psychiques qu'impliquent le renoncement et la sublimation à la place du refoulement (considéré à cette époque par Freud comme pathologique) sont tout autre chose que la catharsis. Cette idée, on la trouvera développée dans le texte : « Remémoration, répétition et perlaboration », où la perlaboration et la remémoration sont inlassablement opposées à la répétition, en particulier la répétition par l'agir, très proche de cette décharge (ou catharsis) qui, précisément, tend à faire l'économie du passage par l'élaboration (c'est-à-dire le travail psychique), détour indispensable semble-t-il pour s'affranchir de la répétition.

Les conseils aux praticiens

Freud est en matière de conseil à la fois généreux et précis. La technique de la cure se sert, dit-il, de deux « mécanismes » principalement, l'un qui relève de l'*« aide »* que le psychanalyste apporte au patient, l'autre qui relève du transfert. Il y a d'abord ce que le médecin devine, à écouter la parole du patient et ce qu'il en fait savoir à ce dernier, qui est suivi de l'élaboration par le patient de ce qu'il a saisi de l'interprétation ou de l'intervention du psychanalyste (« Les chances d'avenir de la thérapie psychanalytique »). Il y a ensuite le **transfert** avec sa double polarité d'être à la fois le plus puissant levier du succès et de générer la plus forte de toutes les résistances à la psychanalyse. Le transfert produit une actualisation et conduit à la manifestation des motions d'amour cachées ou oubliées, actualisation grâce à laquelle l'analyse desdites motions devient possible. Mais l'analyse est aussi un « combat » avec la résistance, écrit Freud. La puissance d'actualisation du transfert est ici nécessaire pour qu'un véritable combat ait lieu, car finalement nul ne peut être abattu *« in absentia »* ou *« in effigie »*, précise Freud (« Sur la dynamique du transfert »).

Freud donne aussi des indications sur la consigne qu'il convient de donner au patient : **la règle fondamentale** (« La méthode psychanalytique de Freud ») : « Il leur enjoint (aux malades), avant de les inviter à faire le récit détaillé de leur histoire de maladie, de dire de surcroît tout ce qui leur passe alors par la tête, même s'ils estiment que cela est dénué d'importance ou que cela ne relève pas du sujet ou que cela est dénué de sens. Mais c'est avec une particulière insistance qu'on réclame d'eux de n'exclure de leur communication aucune pensée ou idée incidente pour la raison que cette communication est pour eux honteuse ou pénible. » Il prescrit aussi que « le médecin [doit] obligatoirement reconnaître en lui-même et maîtriser le contre-transfert » (« Les chances d'avenir de la thérapie analytique »). « (...) ne pas admettre à la légère comme vrai ce que les patients (...) racontent de leur médecin (...) en n'oubliant pas que les diffamations ne trouvent nulle part plus facilement créance qu'auprès d'autres médecins » *(sic !)* (« De la psychanalyse sauvage »). Les consignes sont précises quant à la façon d'interpréter qui convient. Deux conditions doivent être respectées : « (...) pas avant que le malade (...) ne soit arrivé lui-même à proximité de ce qu'il a refoulé et (...) pas avant qu'il ne se soit attaché au médecin (transfert). » Ne pas respecter ces consignes c'est donner dans la psychanalyse sauvage, ce qui est « techniquement répréhensible » (« De la psychanalyse sauvage »). Pour Freud il est nécessaire de faire un diagnostic positif et un diagnostic étiologique car c'est sur cette base que peuvent être posées ou récusées les indications de traitement. L'interprétation du rêve, quant à elle, doit être considérée comme un précurseur d'une introduction à la technique, écrit Freud dans « La méthode psychanalytique de Freud » et on remarquera à ce propos que les indications sur le maniement de l'interprétation sont proférées sur un mode plus impératif que dans la plupart des autres textes, en particulier en ce qui concerne l'intégration à – et l'articulation de – la « technique de la traduction du rêve » aux « règles techniques qui gouvernent l'exécution de la cure en général » (« Le maniement de l'interprétation du rêve en psychanalyse »). Les « conseils aux médecins dans le traitement psychanalytique » constituent à eux seuls un véritable catalogue de prescriptions et de recommandations sur « l'attention en égal suspens » (anciennement traduite par « attention flottante »), sur la prise de notes en séance, sur la mise en suspens de la curiosité et de la démarche scientifique de recherche pendant le temps du traitement, sur le devoir d'écouter avec son propre inconscient la parole du patient, sur la nécessité d'une analyse personnelle, sur le devoir pour le psychanalyste de ne pas parler de soi et de rester opaque au patient, sur la suspension de toute intention éducative et le devoir de ne pas en appeler à l'activité intellectuelle du patient (mais à la pensée associative et aux idées incidentes) et enfin sur la nécessité pour l'analyste de s'en tenir à la froideur affective : « Dans les circonstances présentes une tendance d'affects est pour le psychanalyste plus dangereuse que tout. » « La justification de cette froideur de sentiment exigible de l'analyste est qu'elle crée pour les deux parties les conditions les plus avantageuses (...). » Ce précepte est essentiel même si pour le profane il peut passer pour scandaleux. On pourrait montrer que l'ensemble de la technique freudienne est effectivement tendu vers l'analyse *stricto sensu,* c'est-à-dire une sorte d'enquête sur la vérité de ce qui, peu à peu, se révèle du rapport du patient à son inconscient. L'analyse ne procède ni de la compassion, ni de la réparation. Elle est fondamentalement recherche du vrai, c'est-à-dire de ce qui est au principe même de la « réalité psychique » (pour la présentation de ce concept, on se reportera au *Vocabulaire de la psychanalyse* de Laplanche et Pontalis). Le texte « Sur l'engagement du traitement » donne également un grand nombre d'indications sur les entretiens préliminaires, les dispositions concernant le temps, le rythme, la périodicité des séances, la question de la gratuité et du montant des honoraires, qui sont elles aussi trop précises pour qu'on puisse les ignorer. « Les remarques sur l'amour de transfert » argumentent la nécessité de l'abstinence, en raison du principe selon lequel « on doit laisser subsister chez le malade besoin et désirance, en tant que forces poussant au travail et au changement ».

C'est dans « Les voies de la thérapie analytique » que Freud rend explicites les parts qui reviennent respectivement à l'*analyse* et à la *synthèse* dans la cure. « Nous avons analysé le malade, c'est-à-dire démonté son activité animique en ses constituants élémentaires, faisant voir en lui ces éléments pulsionnels pris un à un et isolément ; comment alors ne pas exiger que nous lui venions obligatoirement en aide dans la mise en place d'une nouvelle et meilleure composition de ces éléments ? » (= synthèse). « Chez celui qui est traité par l'analyse, répond Freud, la psychosynthèse s'effectue sans notre intervention, automatiquement, inéluctablement. » On ne peut être plus clair, ni plus radical : « Je ne puis (...) croire que dans cette psychosynthèse une nouvelle tâche nous incombe. Si je pouvais me permettre d'être sincère et impoli, je dirais qu'il s'agit là d'une belle phrase vide de pensée. »

Une technique ?

Cette liste de préceptes, voire de prescriptions, n'est pas exhaustive mais elle suffit pour montrer que Freud n'entendait pas traiter la question de la technique à la légère. Ces textes techniques ont fait l'objet de controverses on ne peut plus vives du vivant de Freud comme après sa mort. Il semble que l'entourage de Freud ait été gagné par la tendance à la rigidification et au dogmatisme de certains de ses élèves. Freud, au contraire, prenait des libertés par rapport aux règles qu'il avait lui-même édictées. D'une part, il admettait que si les règles qu'il formulait convenaient à son individualité, « une autre personnalité médicale » pourrait « être poussée à préférer une autre attitude envers le malade et envers la tâche ». Freud écrit aussi qu'il faut admettre des modifications de la technique en fonction de la forme de la maladie et selon les pulsions qui dominent chez le patient. Paul Roazen écrit que « tant de contradictions apparaissent entre ce que Freud a écrit sur la technique et ce qu'il pratiquait en réalité, que l'on pourrait avancer qu'il n'avait aucune technique mais seulement un savoir-faire *ad hoc*, dont il lui fallait cependant formaliser quelque peu l'enseignement s'il voulait établir une discipline qui puisse être pratiquée par d'autres » (Roazen, *ibid.*, partie I, p. 2).

En fait Freud prônait une attitude souple, mais n'était sûrement pas laxiste, en témoignent les conflits qui sont nés à ce propos aussi bien avec Ferenczi qu'avec Reich. « J'ai laissé presque tout le positif de ce que l'on doit faire, écrit-il à Ferenczi en 1928, à la discrétion du "tact" de chacun, dont vous proposez de débattre. Le résultat en fut que les analystes dociles ne perçurent pas l'élasticité des règles que j'avais posées et s'y soumirent comme si elles avaient été tabou. Un jour, tout cela devra être corrigé, sans pour autant annuler les obligations que j'ai mentionnées » (cité par P. Roazen, *ibid.*, première partie, p. 2). En 1928 encore, Freud écrivait à René Laforgue, le 2 juillet : « Si vous voulez donner aux débutants le sentiment de pouvoir être un homme libre, de ne pas être contraint de s'en tenir servilement à la règle et d'être autorisé à s'abandonner à son intuition et à laisser libre cours à son humanité, vous parviendrez, je le crains, à de méchants résultats. Son intuition l'orientera infailliblement sur de fausses pistes et, de son humanité, toute position est plus proche que la position analytique » (Correspondance Freud/Laforgue, présentation par A. Bourguignon, *Nouvelle Revue de Psychanalyse, 15,* 235-314, 1977 ; cité par A. Mijolla, in *Dictionnaire international de psychanalyse,* Calmann-Lévy, 2002, t. 2, p. 1702).

À certains moments Freud est radical dans ses formulations : « L'analyste ne doit absolument jamais accepter », écrit-il, « la tendresse qui lui est offerte ou y répondre » (« Remarques sur l'amour de transfert »). On trouverait bien d'autres formules assertoriques ou impératives dans les textes présentés dans ce volume.

Comme l'écrit Jean Laplanche : « Le terme de "technique" n'est pas péjoratif, il doit être associé à celui de souplesse et implique seulement que l'écoute et l'intervention s'adaptent à leur objet particulier.

« Le mot de "technique" renvoie, malgré son aspect terre à terre, à la découverte majeure de Freud, lorsque celui-ci définit prioritairement l'analyse comme une procédure permettant de connaître des processus à peu près inaccessibles autrement » (J. Laplanche, *Sexual,* Paris, PUF, 2007, p. 57).

Les passions déclenchées par la question de la technique viennent probablement de l'application dogmatique des principes freudiens qui déclenchent en retour des réactions allant jusqu'à la récusation radicale de toute technique en psychanalyse, position assez répandue parmi les psychanalystes, surtout en France et dans une moindre mesure en Italie. Qu'est-ce donc qui, avec le terme de technique, déclenche une telle hostilité ? Probablement une imprégnation de l'intelligentsia française par le Heidegger qui dénonce l' « arraisonnement » de l'être et du monde par la techno-science, où la technique n'est plus que le signe d'une domination transformée en malédiction.

D'autres auteurs en grand nombre ont pourtant développé des recherches sur la technique qui en révèlent les éléments sous un tout autre jour. Marcel Mauss définit la technique comme un « acte traditionnel efficace » qui se distingue par plusieurs traits du rituel magique (M. Mauss, 1936, « Les techniques du corps », in *Sociologie et anthropologie*, Paris, PUF, 1989, p. 371). L'analyse exhaustive du concept de technique montrerait que sans usage d'une technique, il ne peut pas y avoir d'accès au réel. Car si le réel est cela qui se fait connaître à celui qui travaille par sa résistance à la maîtrise, il faut donc bien disposer d'une technique et avoir acquis dans son usage une certaine habileté, pour pouvoir accéder au réel. Faute de technique – comme acte traditionnel efficace – le rapport au réel risque bien de ressortir seulement à la magie ou à l'illusion.

Le réel pour le psychanalyste n'est autre que ce qui se fait connaître par sa résistance à la technique analytique (dont Freud donne très précisément les règles, principes et préceptes), à savoir l'inconscient et ses ruses.

Mais au concept de technique tel qu'il se révèle sous la loupe de l'anthropologue, il faut encore ajouter quelques précisions. La mise en œuvre d'une technique en vue de réaliser une tâche montre que dans les situations de travail ordinaire, il faut toujours au technicien habile en venir à faire des infractions intelligentes à la règle. Il n'empêche, l'infraction intelligente ne prend son sens et sa valeur de ruse, d'habileté, de coup de main, elle ne peut être reconnue comme telle par les autres, que s'il y a bien une technique de référence, une « tekhnè » au sens aristotélicien du terme, une règle de l'art commune.

Freud ne dit pas autre chose. À chacun d'ajuster son chemin en fonction de ses habiletés et de ses maladresses, de ses talents et de ses faiblesses, de ses préférences et de ses goûts, en fonction aussi des spécificités de chaque situation clinique ; à chacun en somme d'user de son tact dans le respect de la technique, c'est-à-dire de certains principes, exigences et règles de l'art analytique.

La frontière entre l'infraction intelligence et la dérive inacceptable n'est pas facile à établir. On le voit dans la formulation si élégante et si connue de Freud, lorsqu'il aborde la question des ajustements de la technique en fonction de l'évolution de la clinique : « Nous serons aussi très vraisemblablement obligés, dans l'application de notre thérapie à la masse, d'allier abondamment l'or pur de l'analyse au cuivre de la suggestion directe, et même l'influencement hypnotique pourrait retrouver là une place, aussi bien que dans le traitement des névrosés de guerre » (« Les voies de la thérapie analytique »). Dans un article sur la psychanalyse et la psychothérapie, Jean Laplanche suggère que l'ajustement – l'alliage – est à l'œuvre dans tout traitement analytique, et qu'il n'y aurait pas en somme de psychanalyse en or pur, étant entendu que « *le seul psychothérapeute est [le] "patient" et plus généralement tout être humain* qui se constitue dès ses premiers jours comme *sujet d'une histoire* en se temporalisant, en mémorisant, en "écrivant" ou récrivant son histoire de façon plus ou moins cohérente » (J. Laplanche (2007), *Sexual*, Paris, PUF, p. 271) ; c'est-à-dire en se plaçant tendanciellement du côté de la « psycho-synthèse », cependant que l'analyste s'efforce de rester du côté de la « psycho-analyse ».

Quoi qu'il en soit des usages par rapport à la règle, reste que Freud a bel et bien préconisé une technique psychanalytique. Freud ne souhaitait pas une application rigide ni dogmatique des règles de l'analyse, étant lui-même parfois amené à commettre des infractions. Mais il n'y a rien là d'incohérent, cela fait partie intégrante de la règle et de son usage. S'il n'y a pas d'incohérence, il y a tout de même ici contradiction. Contradiction inévitable qui, toutefois, peut être dépassée, à condition qu'au préalable la règle ait été connue, comprise et acceptée. Ce qu'implique alors la règle, c'est l'exigence pour l'analyste, quand il commet une infraction, de pouvoir décrire les circonstances de son manquement d'une part, d'être en mesure d'en argumenter la légitimité d'autre part. Être à même d'expliciter et de justifier l'écart par rapport à la règle ne détruit pas la règle mais permet au contraire de maintenir la référence commune (voire de la faire évoluer collectivement), référence sans laquelle il ne saurait y avoir ni métier d'analyste au sens noble du terme, ni appartenance à un métier.

Christophe Dejours,
juillet 2007.

La méthode psychanalytique de Freud*

* *OCF.P*, VI, p. 11-17 ; *GW*, V, p. 3-10.

DIE FREUDSCHE PSYCHOANALYTISCHE METHODE

1903 [1904 *a*]

Première publication

1904 *in* Leopold Löwenfeld, *Die psychischen Zwangserscheinungen,* Wiesbaden, J. F. Bergmann, p. 545-551.

Autres éditions allemandes

1906 *Sammlung kleiner Schriften zur Neurosenlehre, 1,* p. 218-224.
1924 *Zur Technik der Psychoanalyse und zur Metapsychologie,* p. 3-10.
1925 *Gesammelte Schriften,* t. VI, p. 3-10.
1942 *Gesammelte Werke,* t. V, p. 3-10.
1975 *Studienausgabe, Ergänzungsband,* p. 101-106.

Traduction anglaise

1953 *Standard Edition,* t. VII, p. 249-254 : Freud's Psycho-Analytic Procedure.

Traduction française

1953 La méthode psychanalytique de Freud, traduit par A. Berman, *in* S. Freud, *De la technique psychanalytique,* Paris, Presses Universitaires de France, p. 1-8.

Ce texte figure dans le 12e et dernier chapitre (Prophylaxie et thérapie) du livre de Leopold Löwenfeld, *Die psychischen Zwangserscheinungen* (Les phénomènes de contrainte psychiques), paru en 1904. Il y est présenté comme une « communication de l'auteur » et il est suivi d'un commentaire de Löwenfeld portant comme sous-titre : « Examen comparatif de cette méthode et de l'hypnothérapie ». La préface de Löwenfeld étant datée de novembre 1903, on peut supposer que le texte de Freud a été écrit un peu plus tôt la même année.

Le livre de Löwenfeld a lui-même fait l'objet d'un compte rendu de Freud, paru dans le *Journal für Psychologie und Neurologie.* (Cf. l'article suivant, p. 21-24.)

LA MÉTHODE PSYCHANALYTIQUE DE FREUD

« La méthode particulière de psychothérapie que Freud pratique et qu'il qualifie de psychanalyse est issue du procédé dit cathartique dont en son temps il a rendu compte, en commun avec J. Breuer[a], dans les « Études sur l'hystérie » de 1895[b]. La thérapie cathartique était une invention de Breuer, qui pour la première fois, une dizaine d'années plus tôt, avait rétabli avec l'aide de celle-ci une malade hystérique et avait ainsi acquis une intelligence de la pathogenèse de ses symptômes. Suite à une incitation personnelle de Breuer, Freud reprit alors ce procédé et l'essaya sur un plus grand nombre de malades. 3

Le procédé cathartique présupposait que le patient soit hypnotisable et reposait sur l'élargissement du champ de conscience qui intervient dans l'hypnose. Il se fixait pour but l'élimination des symptômes de maladie et y parvenait en amenant le patient à se remettre dans l'état psychique où le symptôme était apparu pour la première fois. Émergeaient alors chez le malade hypnotisé des souvenirs, des pensées et des impulsions qui étaient jusque-là absents dans sa conscience et, quand il avait communiqué au médecin, avec 4
d'intenses manifestations d'affect, ces processus animiques dont il était le siège, le symptôme était surmonté, le retour de celui-ci supprimé. Cette expérience qui se répétait régulièrement, les deux auteurs la commentaient dans leur travail commun en disant que le symptôme se trouve à la place de processus psychiques réprimés et non parvenus à la conscience et constitue donc une mutation (« conversion ») de ces derniers. Ils s'expliquaient l'efficacité thérapeutique de leur procédé par l'éconduction de l'affect jusque-là pour ainsi dire « coincé », qui était resté attaché aux actions animiques réprimées (« abréaction »). Mais le schéma simple de l'intervention thérapeutique se compliquait presque à chaque fois, car il s'avérait que ce n'était pas une unique impression (« traumatique ») qui était

a. Josef Breuer (1842-1925).
b. *Studien über Hysterie, GW*, I ; *OCF.P*, II.

impliquée dans la genèse du symptôme, mais la plupart du temps une série d'impressions difficile à saisir d'un seul regard.

Le caractère principal de la méthode cathartique, qui la met en opposition avec tous les autres procédés de psychothérapie, réside donc en ceci que chez elle l'efficacité thérapeutique n'est pas transférée à un interdit suggestif du médecin. Elle s'attend bien plutôt à ce que les symptômes disparaissent d'eux-mêmes lorsque l'intervention qui se réclame de certains présupposés sur le mécanisme psychique a réussi à amener les processus animiques à suivre un autre cours que celui d'avant, qui avait débouché dans la formation de symptôme.

Les modifications que Freud apporta au procédé cathartique de Breuer furent tout d'abord des modifications de la technique ; mais celles-ci donnèrent des résultats nouveaux et elles ont par la suite obligé à adopter une conception différente du travail thérapeutique, même si elle ne contredit pas la précédente.

Si la méthode cathartique avait déjà renoncé à la suggestion, Freud accomplit le pas suivant : abandonner aussi l'hypnose. Il
5 traite actuellement ses malades en leur faisant prendre sur un lit de repos une position confortable sur le dos, sans exercer une quelque autre influence, tandis que lui-même, soustrait à leur regard, est assis derrière eux sur un siège. Il n'exige pas non plus qu'ils ferment les yeux et il évite tout contact ainsi que toute autre procédure qui pourraient rappeler l'hypnose. Une telle séance se déroule donc comme une conversation entre deux personnes également éveillées, dont l'une s'épargne tout effort musculaire et toute impression sensorielle faisant diversion, susceptibles de perturber la concentration de son attention sur sa propre activité animique.

Étant donné qu'être hypnotisé, quelle que soit l'habileté du médecin, dépend, comme on le sait, du bon vouloir du patient et qu'un grand nombre de personnes névrosées ne peuvent être mises en hypnose par aucun procédé, le renoncement à l'hypnose donnait l'assurance que le procédé était applicable à un nombre illimité de malades. Par ailleurs disparaissait l'élargissement du champ de conscience qui justement avait fourni au médecin ce matériel psychique de souvenirs et de représentations à l'aide duquel pouvaient s'effectuer la transposition des symptômes et la libération des affects.

S'il n'y avait pas moyen de se procurer un substitut palliant cette disparition, il ne pouvait non plus être question d'exercer une action thérapeutique.

Or, un tel substitut pleinement satisfaisant, Freud le trouva dans les idées incidentes des malades, c'est-à-dire dans les pensées non voulues – le plus souvent ressenties comme perturbatrices et de ce fait éliminées dans les conditions habituelles – qui d'ordinaire viennent à la traverse dans la cohérence d'une présentation intentionnelle. Pour se saisir de ces idées incidentes, il invite les malades à se laisser aller dans ce qu'ils communiquent, « comme on le fait par ex. dans une conversation où l'on tombe dans des discours à perte de vue ». Il leur enjoint, avant de les inviter à faire le récit détaillé de leur histoire de maladie, de dire de surcroît tout ce qui leur passe alors par la tête, même s'ils estiment que cela est dénué 6 d'importance ou que cela ne relève pas du sujet ou que cela est dénué de sens. Mais c'est avec une particulière insistance qu'on réclame d'eux de n'exclure de leur communication aucune pensée ou idée incidente pour la raison que cette communication est pour eux honteuse ou pénible. Or, en s'efforçant de collecter ce matériel d'idées incidentes d'ordinaire négligées, Freud fit des observations qui sont devenues déterminantes pour l'ensemble de sa conception. Dès le récit de l'histoire de maladie apparaissent chez les malades des lacunes du souvenir, soit que des incidents factuels aient été oubliés, soit que des relations temporelles aient été embrouillées ou des corrélations causales rompues, de sorte qu'il se produit des effets incompréhensibles. Sans une amnésie, quelle qu'elle soit, il n'existe pas d'histoire de maladie névrotique. Si l'on pousse l'auteur du récit à combler ces lacunes de sa mémoire par un intense travail de l'attention, on remarque que les idées incidentes survenant alors sont repoussées par lui avec tous les moyens de la critique, jusqu'à ce qu'enfin il ressente directement un malaise lorsque le souvenir s'est effectivement mis en place. De cette expérience Freud conclut que les amnésies sont le résultat d'un processus qu'il appelle refoulement et dont il reconnaît qu'il a pour motif des sentiments de déplaisir. Les forces psychiques qui ont entraîné ce refoulement, il pense en trouver la trace dans la résistance qui s'élève contre le rétablissement.

Le facteur de la résistance est devenu l'un des fondements de sa théorie. Quant aux idées incidentes d'ordinaire éliminées sous toutes sortes de prétextes (tels que les énumère la formule ci-dessus), il les considère comme des rejetons des formations psychiques refoulées (pensées et motions), comme des déformations de celles-ci en conséquence de la résistance s'opposant à leur reproduction.

Plus la résistance est grande, plus est considérable cette déformation. C'est dans cette relation des idées incidentes non intentionnelles avec le matériel psychique refoulé que réside leur valeur pour la
7 technique thérapeutique. Lorsqu'on dispose d'un procédé qui permet de parvenir des idées incidentes au refoulé, des déformations au déformé, on peut, même sans hypnose, rendre accessible à la conscience ce qui était auparavant inconscient dans la vie d'âme.

Sur cette base, Freud a développé un art de l'interprétation auquel revient la fonction de nous présenter, pour ainsi dire extraite du minerai des idées incidentes non intentionnelles, la teneur en métal des pensées refoulées. Ce ne sont pas seulement les idées incidentes du malade qui font l'objet de ce travail d'interprétation, ce sont aussi ses rêves, qui ouvrent l'accès le plus direct à la connaissance de l'inconscient, ses actions non intentionnelles et comme non planifiées (actions symptomatiques) et ses opérations fourvoyées de la vie quotidienne[a] (méprise de parole, méprise du geste, etc.). Les détails de cette technique d'interprétation ou de traduction n'ont pas encore été publiés par Freud. Ce sont, d'après ses indications, une série de règles empiriquement acquises sur la façon de construire le matériel inconscient à partir des idées incidentes, des directives sur la façon de comprendre ce qui se passe quand les idées incidentes du patient sont défaillantes, et des résultats d'expériences concernant les résistances typiques les plus importantes qui se mettent en place au cours d'un tel traitement. Un livre volumineux sur « L'interprétation du rêve »[b] publié par Freud en 1900 doit être considéré comme précurseur d'une semblable introduction à la technique.

On pourrait conclure de ces indications sur la technique de la méthode psychanalytique que son inventeur s'est imposé une peine superflue et s'est fait du tort en abandonnant le procédé hypnotique

a. Cf. *Sur la psychopathologie de la vie quotidienne*, *GW*, IV ; *OCF.P*, V.
b. *Die Traumdeutung*, *GW*, II-III ; *OCF.P*, IV.

moins compliqué. Mais d'une part la technique de la psychanalyse, une fois qu'on l'a apprise, est beaucoup plus facile à pratiquer qu'il n'apparaît à la description, d'autre part aucune autre voie ne mène au but, et c'est pourquoi la voie la plus pénible est encore la plus courte. On doit reprocher à l'hypnose d'avoir recouvert la résistance et d'avoir ainsi empêché le médecin de voir clair dans le jeu des forces psychiques. Mais elle n'évacue pas la résistance, elle ne fait 8
que l'esquiver et n'apporte donc que des renseignements incomplets et que des succès passagers.

La tâche dont la méthode psychanalytique s'efforce de s'acquitter peut s'exprimer en des formules diverses qui sont pourtant équivalentes dans leur essence. On peut dire : la tâche de la cure est de supprimer les amnésies. Lorsque toutes les lacunes du souvenir sont comblées, tous les effets énigmatiques de la vie psychique élucidés, la persistance de la souffrance, voire une nouvelle formation de celle-ci, est rendue impossible. On peut formuler la condition autrement : tous les refoulements doivent être défaits ; l'état psychique est alors le même que celui où toutes les amnésies sont comblées. Une autre formulation est d'une plus grande portée : il s'agit de rendre l'inconscient accessible à la conscience, ce qui se produit par le surmontement des résistances. Mais qu'on n'oublie pas ici qu'un tel état idéal n'existe pas, même chez l'être humain normal, et qu'on ne peut que rarement se mettre en position de mener le traitement à peu près aussi loin. De même que santé et maladie ne se distinguent pas par principe mais ne sont séparés que par une délimitation quantitative déterminable en pratique, de même on ne se fixera jamais comme but du traitement autre chose que la guérison pratique du malade, le rétablissement de sa capacité de réalisation et de jouissance. Si la cure est incomplète ou son succès imparfait, on obtient avant tout une élévation significative du niveau de l'état psychique général, alors que les symptômes peuvent persister, mais avec une moindre significativité pour le malade, sans l'estampiller comme malade.

Le procédé thérapeutique demeure le même, à quelques menues modifications près, pour tous les tableaux symptomatiques de l'hystérie multiforme, et aussi pour toutes les formations de la névrose de contrainte. Mais il n'est pas question de pouvoir

l'appliquer de façon illimitée. La nature de la méthode psychanaly-
9 tique génère des indications et des contre-indications aussi bien du côté des personnes à traiter qu'en considération du tableau de maladie. Les cas les plus favorables pour la psychanalyse sont les cas chroniques de psychonévroses avec des symptômes peu violents ou menaçants, donc d'abord toutes les sortes de névrose de contrainte, pensée de contrainte et action de contrainte, et les cas d'hystérie où phobies et aboulies jouent le rôle principal, mais de plus aussi toutes les marques somatiques de l'hystérie, dans la mesure où la tâche majeure du médecin n'est pas comme dans l'anorexie une élimination rapide des symptômes. Dans les cas aigus d'hystérie on devra attendre que survienne un stade plus tranquille ; dans tous les cas où prédomine l'épuisement nerveux, on évitera un procédé qui exige lui-même des efforts, n'amène que lentement des progrès à maturité et pendant un certain temps ne peut tenir aucun compte de la perpétuation des symptômes.

À la personne que l'on doit pour son avantage soumettre à la psychanalyse, de multiples exigences seront posées. Il faut premièrement qu'elle soit capable d'un état psychique normal ; dans des périodes de confusion ou de dépression mélancolique il n'y a d'ailleurs rien à tirer d'une hystérie. On est de plus en droit d'exiger un certain degré d'intelligence naturelle et de développement éthique ; avec des personnes sans valeur l'intérêt déserte bientôt le médecin, intérêt qui le rend capable de se plonger dans la vie d'âme du malade. Des malformations marquées du caractère, des traits d'une constitution vraiment dégénérative se révèlent être dans la cure une source de résistances à peine surmontables. Dans cette mesure la constitution fixe en général une limite à la curabilité par psychothérapie. Un âge approchant de la cinquième décennie crée lui aussi des conditions peu favorables à la psychanalyse. La masse du matériel psychique ne peut plus alors être maîtrisée, le temps requis pour le rétablissement devient trop long et la capacité à défaire les processus psychiques commence à se paralyser.

10 Malgré toutes ces restrictions, le nombre des personnes aptes à la psychanalyse est extraordinairement grand et l'élargissement de notre pouvoir thérapeutique au moyen de ce procédé est, selon les affirmations de Freud, très considérable. Freud exige de longues

périodes de temps, de six mois à trois ans, pour qu'un traitement soit efficace ; mais il fait savoir que jusqu'ici, suite à diverses circonstances faciles à deviner, il ne s'est le plus souvent trouvé en situation d'essayer son traitement que sur des cas très difficiles, des personnes dont la maladie durait depuis de nombreuses années et dont l'incapacité à réaliser quoi que ce soit était totale, et qui, déçues par tous les traitements, avaient pour ainsi dire cherché un ultime refuge dans ce procédé nouveau et fortement mis en doute. Dans des cas d'affection plus légère, la durée du traitement pourrait être de beaucoup raccourcie et un gain extraordinaire en matière de prévention pourrait être atteint à l'avenir. »

De la psychothérapie*

* *OCF.P*, VI, p. 47-58 ; *GW*, V, p. 13-26.

ÜBER PSYCHOTHERAPIE
1904 [1905 *a*]

Première publication

1905 *Wiener medizinische Presse, 46,* n° 1, 1er janvier, p. 9-16.

Autres éditions allemandes

1906 *Sammlung kleiner Schriften zur Neurosenlehre, 1,* p. 205-217.
1924 *Zur Technik der Psychoanalyse und zur Metapsychologie,* p. 11-24.
1925 *Gesammelte Schriften,* t. VII, p. 11-24.
1942 *Gesammelte Werke,* t. V, p. 13-26.
1975 *Studienausgabe, Ergänzungsband,* p. 106-119.

Traduction anglaise

1953 *Standard Edition,* t. VII, p. 257-268 : On Psychotherapy.

Traduction française

1953 De la psychothérapie, traduit par A. Berman, *in* S. Freud, *De la technique psychanalytique,* Paris, Presses Universitaires de France, p. 9-22.

Il s'agit du texte d'une conférence faite par Freud devant le *Wiener medizinisches Doktorenkollegium* (Collège viennois des médecins), le 12 décembre 1904, la dernière qu'il ait officiellement prononcée à Vienne devant un auditoire médical. Elle reprend des éléments exposés dans l'article de 1890, « Traitement psychique (traitement d'âme) » (*GW,* V ; *OCF.P,* I). La *Wiener medizinische Presse* la publia en 1905 sous la rubrique « Textes originaux et leçons cliniques ».

Devant cette même assemblée, alors présidée par Albert Reder, Ritter von Schellman (1826-1904), auteur notamment du traité *Pathologie und Therapie der venerischen Krankheiten* (Pathologie et thérapie des maladies vénériennes) de 1863, Freud avait, les 14, 21 et 28 octobre 1895, consacré à l'hystérie un long exposé réparti sur trois conférences (sur deux comptes rendus de cet exposé, non publié par Freud, voir *GW, NB,* p. 328-351 ; *OCF.P,* II).

L'année suivante, vraisemblablement le 21 avril 1896, c'est devant le *Verein für Psychiatrie und Neurologie* (Association pour la psychiatrie et la neurologie) qu'il prononça la conférence intitulée *Zur Ätiologie der Hysterie* (Sur l'étiologie de l'hystérie) (*GW,* I, p. 425-459 ; *OCF.P,* III, p. 149-180).

DE LA PSYCHOTHÉRAPIE

Messieurs, il y a environ huit ans qu'à l'invitation de votre regretté 13
président, le professeur von Reder, il m'a été donné de parler dans votre cercle sur le thème de l'hystérie. Peu auparavant (1895), j'avais publié en commun avec le Dr Josef Breuer les « Études sur l'hystérie » et, sur la base des nouvelles connaissances dont nous sommes redevables à ce chercheur, tenté d'introduire un nouveau mode de traitement de la névrose. Je me réjouis de pouvoir dire que les efforts exigés par nos « Études » ont eu du succès ; les idées qui y sont soutenues relatives à la façon dont agissent les traumas psychiques par rétention d'affect, ainsi que la conception des symptômes hystériques comme étant les résultats d'une excitation transportée de l'animique dans le corporel, idées pour lesquelles nous avions créé les termes techniques d' « abréaction » et de « conversion », sont aujourd'hui généralement connues et comprises. Il n'y a – tout au moins dans les pays de langue allemande – aucune présentation de l'hystérie qui n'en tienne compte jusqu'à un certain point ni aucun confrère de la spécialité qui ne fasse avec cette doctrine au moins un bout de chemin. Et cependant quel air d'étrangeté ces thèses et ces termes techniques n'ont-ils pas eu aussi longtemps qu'ils étaient encore tout neufs !

Je ne puis en dire autant du procédé thérapeutique qui fut pro- 14
posé aux confrères en même temps que notre doctrine. Aujourd'hui encore ce procédé lutte pour se faire reconnaître. Ce pourquoi on peut bien invoquer des raisons spéciales. À l'époque, la technique du procédé n'était pas encore au point ; je n'étais pas à même de donner au médecin lecteur de ce livre les instructions qui l'auraient rendu capable de mener intégralement un traitement de ce genre. Mais à coup sûr des raisons de nature plus générale agissent aussi. À de nombreux médecins la psychothérapie apparaît aujourd'hui encore comme un produit du mysticisme moderne et, comparée à nos remèdes physico-chimiques dont l'application est fondée sur des connaissances physiologiques, comme franchement non scientifique, indigne de l'intérêt d'un chercheur dans les sciences de la nature.

Permettez-moi maintenant de plaider devant vous la cause de la psychothérapie et de souligner ce qui dans cette condamnation peut être qualifié d'injustice ou d'erreur.

Laissez-moi donc en premier lieu rappeler que la psychothérapie n'est pas un procédé curatif moderne. Au contraire, elle est la plus ancienne thérapie dont se soit servie la médecine. En vous reportant à l'œuvre si instructive de Löwenfeld (Traité de psychothérapie générale)[a] vous pouvez voir quelles furent les méthodes de la médecine primitive et de la médecine antique. Vous ne manquerez pas de les ranger pour la plus grande part dans la psychothérapie ; on mettait les malades, afin de les guérir, en cet état d'« attente croyante » qui nous rend aujourd'hui encore les mêmes services. Même après que les médecins eurent découvert d'autres remèdes, les efforts psychothérapeutiques de telle ou telle sorte n'ont jamais disparu de la médecine.

En second lieu, j'attirerai votre attention sur le fait que si nous autres, médecins, ne pouvons renoncer à la psychothérapie, c'est tout simplement parce qu'une autre partie, à prendre grandement en considération dans le processus de guérison, à savoir les malades, n'a
15 pas l'intention d'y renoncer. Vous savez de quels éclaircissements sur ce sujet nous sommes redevables à l'école de Nancy (Liébault, Bernheim)[b]. Un facteur dépendant de la disposition psychique des malades vient s'ajouter, sans que nous en ayions l'intention, à l'action de chacun des procédés curatifs engagés par le médecin, le plus souvent pour la favoriser, souvent aussi pour l'inhiber. Nous avons appris à utiliser pour ce fait le mot de « suggestion », et Moebius[c] nous a enseigné que le manque de fiabilité que nous déplorons dans tant de nos méthodes curatives doit être ramené justement à l'action perturbante exercée par ce facteur surpuissant. Nous autres médecins, vous tous, nous pratiquons donc constamment la psychothérapie, même là où vous ne le savez pas et n'en avez pas l'intention ; le seul inconvénient, c'est que vous abandonnez ainsi totalement au malade le facteur psychique inclus dans l'action que vous exercez sur le malade. Il devient de cette façon incontrôlable, impossible à doser, incapable

a. Leopold Löwenfeld, *Lehrbuch der gesamten Psychotherapie,* Wiesbaden, J. F. Bergmann, 1897.

b. Ambroise Auguste Liébeault (1823-1904) et Hippolyte Bernheim (1840-1919). Cf. *OCF.P,* XII, p. 37, n. a.

c. Paul Julius Moebius (1853-1907). Cf. *OCF.P,* XIII, p. 98.

d'être intensifié. N'est-ce pas alors une aspiration justifiée du médecin que de s'emparer de ce facteur, de s'en servir avec l'intention de l'orienter et de le renforcer ? C'est cela et rien d'autre que la psychothérapie scientifique entend vous proposer.

Troisièmement, Messieurs et chers confrères, je vous renverrai à cette expérience, connue depuis les anciens temps, que certaines souffrances, et tout particulièrement les psychonévroses, sont largement plus accessibles aux influences animiques qu'à toute autre médication. Il ne s'agit pas d'un discours moderne, mais d'un adage des anciens médecins selon lequel ce n'est pas le médicament qui guérit ces maladies, mais le médecin, c'est-à-dire bel et bien la personnalité du médecin, dans la mesure où par elle il exerce une influence psychique. Je sais bien, Messieurs et chers confrères, qu'est très en faveur parmi vous la conception à laquelle l'esthéticien Vischer[a] a donné dans sa parodie de Faust une expression classique : « Je sais que le physique / Agit bien souvent sur le moral[b]. »

Mais ne serait-il pas plus adéquat et plus souvent exact de penser 16
qu'on peut agir sur le moral d'un être humain par des moyens moraux, c'est-à-dire psychiques ?

Il y a plusieurs sortes et plusieurs voies dans la psychothérapie. Sont bonnes toutes celles qui conduisent à ce but qu'est la guérison. Notre consolation habituelle : Ça ne tardera pas à aller mieux !, dont nous sommes si prodigues avec les malades, correspond à l'une des méthodes psychothérapeutiques ; seulement, ayant acquis une intelligence plus profonde de l'essence des névroses, nous n'avons pas été obligés de nous limiter à cette consolation. Nous avons développé la technique de la suggestion hypnotique, celle de la psychothérapie par la diversion, par l'exercice, par l'évocation d'affects appropriés. Je ne méprise aucune de ces techniques et les pratiquerais toutes dans les conditions qui s'y prêtent. Si en réalité je me suis borné à un seul procédé curatif, la méthode nommée par Breuer « cathartique » et que je préfère appeler « analytique », les motifs qui m'ont déterminé ont été purement subjectifs. Étant donné la part que j'ai prise à l'instauration de cette thérapie, je me sens personnel-

a. Cf. *infra*, p. 38. Friedrich Theodor von Vischer (1807-1887), professeur d'esthétique, hégélien de renom, député (gauche modérée) au Parlement de Francfort.

b. *« Ich weiß, das Physikalische / wirkt öfters aufs Moralische. »* (I, 4.), *in Faust III* (1862), parodie du *Faust II* de Goethe.

lement tenu de me consacrer à son exploration et à l'édification de sa technique. Je suis en droit d'affirmer que la méthode analytique de psychothérapie est celle qui agit avec le plus de pénétration et qui a la plus large portée, celle qui permet d'atteindre à la plus riche modification du malade. Si j'abandonne pour un moment le point de vue thérapeutique, je puis faire valoir en faveur de cette méthode qu'elle est la plus intéressante, qu'elle seule nous enseigne quelque chose sur la genèse et la contexture des manifestations de la maladie. Étant donné les connaissances qu'elle nous ouvre sur le mécanisme de l'état de maladie animique, elle seule pourrait être en mesure de conduire au-delà d'elle-même et de nous indiquer la voie menant à d'autres manières encore d'exercer une influence thérapeutique.

Concernant cette méthode cathartique ou analytique de psychothérapie, permettez-moi maintenant de rectifier quelques erreurs et d'apporter quelques éclaircissements.

17 *a)* Je remarque que cette méthode est très souvent confondue avec le traitement suggestif par hypnose et je le remarque à ceci qu'assez souvent même des confrères dont je ne suis pas d'habitude l'homme de confiance m'adressent des malades – naturellement des malades réfractaires – pour que je me charge de les hypnotiser. Or il y a environ huit ans que je n'ai pas exercé l'hypnose à des fins thérapeutiques (sauf pour quelques expériences isolées), et j'ai coutume de retourner de tels envois avec comme conseil : que celui qui fait fond sur l'hypnose veuille bien y procéder lui-même. En vérité il existe entre la technique suggestive et la technique analytique la plus grande opposition possible, cette opposition que le grand Léonard de Vinci a, pour ce qui est des arts, fait tenir dans les formules *per via di porre*[a] et *per via di levare*[b]. La peinture, dit Léonard, travaille *per via di porre,* c'est-à-dire qu'elle dépose des quantités de couleurs là où auparavant elles n'étaient pas sur la toile incolore ; à l'inverse, la sculpture procède *per via di levare,* c'est-à-dire qu'elle enlève à la pierre tout ce qui recouvre encore la surface de la statue qui y est contenue[c]. C'est de façon tout à fait analogue, Messieurs, que la technique suggestive cherche à agir *per via di porre,* elle ne se soucie pas de la provenance, ni de la force, ni

a. en ajoutant.

b. en enlevant.

c. Sur cette opposition, cf. *Un souvenir d'enfance de Léonard de Vinci, GW,* VIII, p. 130 ; *OCF.P,* X, p. 85.

de la signification des symptômes de maladie, mais elle applique dessus quelque chose, c'est-à-dire la suggestion, dont elle attend que cela soit suffisamment fort pour faire obstacle à la manifestation de l'idée pathogène. À l'inverse, la thérapie analytique n'a que faire d'appliquer, elle ne veut rien introduire de nouveau, mais veut enlever, retirer, et à cette fin elle se préoccupe de la genèse des symptômes morbides et du contexte psychique de l'idée pathogène qu'elle a pour but d'éliminer. Sur cette voie de recherche elle a notablement fait avancer notre compréhension. Si j'ai si tôt abandonné la technique par suggestion, et avec elle l'hypnose, c'est que je désespérais de rendre la suggestion aussi forte et aussi solide que cela serait nécessaire pour une guérison durable. Dans tous les cas graves, je vis la suggestion appliquée dessus disparaître en s'effritant, et voilà que l'état de 18
maladie ou un succédané de celui-ci était de nouveau là. En outre, je fais à cette technique le reproche de nous empêcher d'y voir clair dans le jeu des forces psychiques, par ex. de ne pas nous permettre de reconnaître la *résistance* par laquelle les malades restent attachés à leur maladie, par laquelle ils se rebellent donc aussi contre la guérison, résistance qui seule rend pourtant possible la compréhension de leur conduite dans la vie.

b) Une erreur me semble être largement répandue parmi nos confrères, à savoir que la technique consistant à chercher les facteurs occasionnant la maladie, et l'élimination des manifestations au moyen de cette recherche seraient aisées et allant de soi. Je tire cette conclusion du fait qu'aucun de ceux, nombreux, qui s'intéressent à ma thérapie et se répandent en jugements péremptoires contre elle, ne m'a encore jamais demandé comment à vrai dire je m'y prends. Or cela ne peut avoir qu'une seule et unique cause, c'est qu'ils estiment qu'il n'y a là rien à demander, que la chose se comprend totalement de soi. J'entends aussi dire ici et là, à mon grand étonnement, que dans tel ou tel service hospitalier un jeune médecin s'est vu chargé par son chef d'entreprendre une « psychanalyse » avec une hystérique. Je suis persuadé qu'on ne lui confierait pas pour examen une tumeur qui a été extirpée sans s'être auparavant assuré que la technique histologique lui est familière. Il me parvient de même la nouvelle que tel ou tel confrère s'organise des séances de consultations avec un patient pour procéder avec lui à une cure psychique,

alors que je suis certain qu'il ne connaît pas la technique d'une telle cure. Il faut donc qu'il s'attende à ce que le malade vienne lui livrer ses secrets – ou bien il cherche le salut dans quelque espèce de confession ou de confidence. Il ne me surprendrait pas que le malade ainsi traité n'en retirât plus de dommages que d'avantages. C'est qu'il n'est nullement aisé de jouer de l'instrument animique. En de telles occasions je ne puis m'empêcher de penser aux paroles
19 d'un névrosé universellement célèbre, qui n'a certes jamais été en traitement chez un médecin, n'ayant vécu que dans la fantaisie d'un poète. Je veux dire le prince Hamlet de Danemark. Le roi a dépêché vers lui les deux courtisans Rosenkranz et Guildenstern pour le questionner et lui arracher le secret de son humeur dépressive. Il les repousse ; sont alors apportées sur la scène des flûtes. Hamlet prend une flûte et prie l'un de ses tourmenteurs d'en jouer, ce qui est, dit-il, aussi facile que de mentir. Le courtisan refuse car il ne sait de quelle manière s'y prendre, et comme rien ne saurait l'amener à essayer de jouer de la flûte, Hamlet finit par éclater. « Voyez-vous maintenant quelle misérable chose vous faites de moi ? Vous voudriez jouer de moi, vous voudriez pénétrer dans le cœur de mon secret, vous voudriez me sonder de la note la plus basse au sommet de ma voix, et dans le petit instrument que voici il y a beaucoup de musique, une excellente voix, et pourtant vous ne pouvez pas le faire parler. Sambleu, pensez-vous qu'on joue plus aisément de moi que d'une flûte ? Donnez-moi le nom d'instrument que vous voudrez, vous pourrez bien me désaccorder la voix, mais vous ne pourrez pas jouer de moi. »[a] (Acte III, scène 2.)

c) Vous aurez deviné à certaines de mes remarques que bien des particularités qui sont inhérentes à la cure analytique la tiennent éloignée de l'idéal d'une thérapie. *Tuto, cito, iucunde*[b] ; explorer et chercher n'impliquent pas précisément la rapidité du succès, et la mention de la résistance vous prépare à escompter des désagréments. Assurément, le traitement psychanalytique pose au malade aussi bien qu'au médecin des exigences élevées ; du premier il réclame le sacri-

a. Freud cite Shakespeare dans la version de A. W. Schlegel, ici retraduite.
b. Sûrement, rapidement, agréablement, selon une formule attribuée à Esculape.

fice qu'est une totale sincérité, il s'avère pour lui dévoreur de temps et par là même aussi dispendieux ; il est pareillement dévoreur de temps pour le médecin et du fait de la technique que celui-ci doit apprendre et exercer il est passablement pénible. Je trouve d'ailleurs moi-même tout à fait justifié que l'on ait recours à des méthodes
curatives plus commodes aussi longtemps qu'on a précisément la 20
perspective de parvenir avec elles à quelque chose. C'est ce point seul qui importe ; si on obtient notablement plus avec le procédé plus pénible et plus lent qu'avec le procédé rapide et facile, c'est le premier des deux qui se trouve malgré tout justifié. Pensez, Messieurs, combien la thérapie de Finsen[a] pour le lupus est plus incommode et plus dispendieuse que les cautérisations et grattages précédemment en usage, et pourtant cela signifie un grand progrès pour la seule raison que cela a plus d'efficacité, c'est-à-dire que cela guérit radicalement le lupus. Ce n'est pas que je veuille pousser la comparaison, mais la méthode psychanalytique est pourtant en droit de revendiquer une prérogative analogue. En réalité, je n'ai pu élaborer et expérimenter ma méthode thérapeutique que sur des cas graves et très graves ; mon matériel fut d'abord constitué uniquement de malades qui avaient tout tenté sans succès et avaient séjourné des années durant dans des établissements de soins. L'expérience que j'ai recueillie n'est guère suffisante pour que je puisse vous dire comment se comporte ma thérapie dans ces affections plus légères, survenant épisodiquement, que nous voyons se guérir sous les influences les plus diverses et même spontanément. La thérapie psychanalytique a été créée au contact et à l'attention de malades durablement inaptes à l'existence ; c'est son triomphe que d'avoir rendu durablement aptes à l'existence un nombre satisfaisant d'entre eux. Face à ces succès, tous les efforts dépensés semblent alors être peu de chose. Nous ne pouvons pas nous dissimuler que devant le malade nous avons coutume de nier qu'une névrose grave ne le cède en rien, quant à sa significativité pour l'individu qui lui est soumis, à une cachexie, à une des affections généralisées si redoutées.

d) Les indications et contre-indications de ce traitement ne se laissent guère signaler de façon définitive, tant sont nombreuses les

a. Niels Finsen (1860-1904), médecin et biologiste danois, prix Nobel en 1903, inventeur de la méthode de traitement par la lumière (photothérapie) qui porte son nom.

limitations pratiques qui ont affecté mon activité. Je vais néanmoins tenter de discuter avec vous quelques points.

1) On ne se laissera pas détourner par la maladie de voir la valeur intrinsèque d'une personne et on repoussera des malades ne possé-
21 dant pas un certain degré de culture et un caractère tant soit peu fiable. On ne doit pas oublier qu'il y a aussi des gens en bonne santé qui ne sont bons à rien et qu'on n'est que trop porté avec ces personnes de moindre valeur à reporter sur la maladie tout ce qui les rend inaptes à l'existence quand ils font voir un quelconque soupçon de névrose. Je soutiens la position que la névrose ne marque nullement sur celui qui en est atteint l'estampille du *dégénéré*[a], mais qu'elle ne se trouve que trop fréquemment associée chez le même individu aux manifestations de la dégénérescence. Or la psychothérapie analytique n'est pas un procédé pour traiter la dégénérescence névropathique, c'est là au contraire qu'elle trouve sa limite. Elle n'est pas non plus applicable chez des personnes qui ne se sentent pas elles-mêmes poussées par leurs souffrances vers la thérapie, mais qui ne s'y soumettent que sur l'ordre impératif de leurs proches. Il nous faudra prendre encore en compte, d'un autre point de vue, la particularité qui fait que le traitement psychanalytique est utilisable : l'éducabilité.

2) Si on veut être sûr de son fait, on limitera son choix à des personnes qui ont un état normal, puisque dans le procédé psychanalytique c'est à partir de cet état normal qu'on se rend maître du morbide. Les psychoses, les états de confusion et d'humeur dépressive profonde (je dirais volontiers : toxique) sont donc impropres à la psychanalyse, telle du moins qu'elle s'est exercée jusqu'ici. Je ne tiens nullement pour exclu qu'on puisse dépasser cette contre-indication en modifiant de manière appropriée le procédé et s'attaquer ainsi à une psychothérapie des psychoses.

3) L'âge des malades joue un rôle dans la sélection en vue du traitement psychanalytique, dans la mesure où, chez des personnes s'approchant de la cinquantaine ou l'ayant dépassée, d'une part la plasticité des processus animiques sur laquelle compte la thérapie fait habituellement défaut – les vieilles gens ne sont plus éducables – et
22 où, d'autre part, le matériel à perlaborer prolonge indéfiniment la

a. En français dans le texte.

durée du traitement. La limite d'âge inférieure ne peut être déterminée qu'individuellement ; des personnes jeunes n'ayant pas encore atteint la puberté sont souvent éminemment réceptives à l'influence.

4) On n'aura pas recours à la psychanalyse là où il s'agit d'éliminer rapidement des phénomènes menaçants, donc par exemple dans un cas d'anorexie hystérique.

Vous aurez sans doute eu l'impression que le domaine d'application de la psychothérapie analytique est des plus limités puisque vous ne m'avez vraiment entendu parler que de ses contre-indications. Il n'en reste pas moins suffisamment de cas et de formes de maladie sur lesquels cette thérapie peut être mise à l'épreuve, toutes les formes chroniques d'hystérie avec leurs manifestations résiduelles, le grand domaine des états de contrainte et des aboulies, etc.

Il est réjouissant de constater que c'est justement aux personnes de la plus grande valeur et par ailleurs les plus évoluées qu'on peut de cette façon le mieux venir en aide. Mais là où on n'est pas arrivé à grand-chose avec la psychothérapie analytique, on peut bien se consoler en affirmant que tout autre traitement, quel qu'il soit, n'aurait à coup sûr donné aucun résultat.

e) Vous voudrez certainement me demander ce qu'il en est, quand on applique la psychanalyse, de la possibilité de causer des dommages. À cela je puis vous répondre – pour peu que vous veuilliez juger équitablement et témoigniez à ce procédé la même bienveillance critique que celle que vous réservez à nos autres méthodes thérapeutiques – que vous êtes obligés de souscrire à mon opinion : dans une cure analytique conduite en connaissance de cause, il n'y a à redouter pour le malade aucun dommage. En jugera peut-être autrement tel profane habitué à imputer à ce traitement tout ce qui se produit dans un cas de maladie. Il n'y a pas si longtemps, nos éta- 23
blissements hydrothérapiques se voyaient opposer un préjugé analogue. C'est ainsi que plus d'un à qui l'on conseillait un séjour dans un de ces établissements fut pris de perplexité parce que quelqu'un de sa connaissance était entré dans l'établissement comme nerveux et y était devenu fou. Il s'agissait, comme vous le devinez, de ces cas de paralysie générale débutante qu'on pouvait, à ce stade initial, placer encore dans un établissement hydrothérapique, et qui y avaient suivi leur cours irrésistible aboutissant au trouble mental manifeste ;

pour les profanes, c'est l'eau qui était le coupable et la cause de cette triste modification. Là où les influences qui s'exercent sont d'un genre nouveau, les médecins eux-mêmes ne sont pas toujours à l'abri de telles erreurs de jugement. Je me souviens d'avoir un jour tenté une psychothérapie avec une femme dont une bonne part de l'existence s'était écoulée dans une alternance de manie et de mélancolie. Je la pris en charge à la fin d'une mélancolie ; deux semaines durant cela sembla bien aller ; la troisième semaine nous nous trouvions déjà au début de la nouvelle phase de manie. Cela était à coup sûr une modification spontanée du tableau de maladie, car deux semaines ne constituent pas un temps suffisant pour que la psychothérapie analytique puisse entreprendre quelque opération que ce soit, mais le médecin éminent – aujourd'hui déjà disparu – qui avait pu voir la malade avec moi ne put se retenir de remarquer que la psychothérapie pourrait bien être coupable de cette « aggravation ». Je suis tout à fait convaincu qu'en d'autres circonstances il se serait révélé meilleur critique.

f) En conclusion, Messieurs et chers confrères, je ne manque pas de me dire qu'il n'est quand même pas possible de solliciter si longtemps votre attention en faveur de la psychothérapie analytique sans vous dire en quoi consiste ce traitement et sur quoi il se fonde. Étant obligé d'être bref, je puis, il est vrai, me borner à une seule indication. Ainsi donc cette thérapie est fondée sur l'idée que des représentations inconscientes – pour mieux dire, l'inconsciencialité de certains processus animiques –, sont la cause immédiate des symptômes
24 morbides. Nous soutenons une telle conviction en commun avec l'école française (Janet)[a] qui, par ailleurs, dans une fâcheuse schématisation, ramène le symptôme hystérique à l'*idée fixe*[b] inconsciente. Vous n'avez pas à craindre que nous nous engagions ici trop avant dans la plus obscure des philosophies. Notre inconscient n'est pas tout à fait le même que celui des philosophes, et du reste la plupart des philosophes ne veulent rien savoir du « psychique inconscient ». Or, si vous vous rangez à notre position, vous verrez que la traduction de cet inconscient présent dans la vie d'âme des malades en un conscient ne peut avoir pour résultat que de corriger ce en quoi ils

a. Pierre Janet (1859-1947).
b. En français dans le texte.

dévient par rapport au normal et de supprimer la contrainte à laquelle est soumise leur vie d'âme. Car la volonté consciente s'étend aussi loin que les processus psychiques conscients et toute contrainte psychique a son fondement dans l'inconscient. Vous n'avez d'ailleurs jamais à craindre que le malade subisse des dommages sous l'effet de l'ébranlement qu'implique l'entrée de l'inconscient dans la conscience, car vous pouvez vous figurer théoriquement que l'action somatique et affective de la motion devenue consciente ne peut jamais devenir aussi grande que l'action de la motion inconsciente. D'ailleurs, nous ne dominons toutes nos motions qu'en retournant sur elles nos opérations animiques les plus élevées, liées à la conscience.

Mais vous pouvez aussi choisir un autre point de vue pour comprendre le traitement psychanalytique. La mise à découvert et la traduction de l'inconscient ne se font pas sans une constante *résistance* de la part du malade. L'émergence de cet inconscient est liée à du déplaisir et à cause de ce déplaisir elle ne cesse d'être repoussée par lui. C'est dans ce conflit dans la vie d'âme du malade que vous intervenez maintenant ; si vous réussissez à amener le malade, du fait d'une meilleure compréhension, à accepter quelque chose qu'il avait, par suite de la régulation automatique de déplaisir, jusque-là repoussé (refoulé), vous avez réalisé sur lui un certain travail 25
d'éducation. C'est en effet déjà de l'éducation que d'amener quelqu'un qui n'aime pas quitter son lit tôt le matin à le faire quand même. Vous pouvez maintenant concevoir d'une façon très générale le traitement analytique comme une telle *post-éducation au surmontement des résistances internes*. Mais sur aucun point une telle post-éducation n'est davantage nécessaire chez les nerveux qu'en ce qui concerne l'élément animique de leur vie sexuelle. Nulle part, en effet, culture et éducation n'ont causé de si grands dommages que précisément ici, et c'est ici également, comme l'expérience vous le montrera, qu'on peut trouver les étiologies des névroses susceptibles d'être maîtrisées ; l'autre élément étiologique, la contribution constitutionnelle, nous est certes donné comme quelque chose d'invariable. Or il résulte de cela une importante exigence à poser au médecin. Il ne doit pas seulement être lui-même un caractère intègre – « le côté moral va bien sûr de soi », comme a coutume de

dire le personnage principal de « Un autre » de Th. Vischer[a] ; il lui faut avoir surmonté pour sa propre personne aussi le mélange de concupiscence et de pruderie avec lequel malheureusement tant d'autres sont habitués à aborder les problèmes sexuels.

C'est peut-être ici le lieu de faire une autre remarque. Je sais que mon insistance à souligner le rôle du sexuel dans la genèse des psychonévroses est désormais connue dans d'assez larges sphères. Mais je sais aussi que des restrictions et des déterminations plus précises sont de peu d'utilité pour le grand public ; la foule n'a de place en sa mémoire que pour peu de choses et d'une affirmation elle ne retient guère que le noyau brut, se créant une version extrême facile à noter. Il a pu arriver aussi que plus d'un médecin entrevoie vaguement que le contenu de ma doctrine était de ramener en fin de compte les névroses à la privation sexuelle. Celle-ci ne manque pas dans les conditions de vie de notre société. Avec cette présupposition, comme on pourrait être tenté d'éviter le pénible détour par la cure psychique
26 et de viser directement la guérison en recommandant comme remède l'activité sexuelle ! Je ne sais vraiment pas ce qui pourrait m'amener à réprimer une telle inférence si elle était justifiée. Mais les choses se présentent autrement. L'état de besoin et la privation sexuels, ce n'est là qu'un des facteurs entrant en jeu dans le mécanisme de la névrose ; s'il était le seul, la conséquence n'en serait pas la maladie, mais les débordements. L'autre facteur, tout aussi indispensable, que l'on oublie parfois trop volontiers, est l'aversion du sexuel chez les névrosés, leur incapacité à aimer, ce trait psychique que j'ai nommé « refoulement ». C'est seulement du conflit entre ces deux tendances que procède l'entrée dans la maladie névrotique, et c'est pourquoi, à vrai dire, le conseil d'une activité sexuelle dans les psychonévroses ne peut qu'être rarement qualifié de bon conseil.

Laissez-moi conclure par cette remarque défensive. Nous voulons espérer que votre intérêt pour la psychothérapie, purifié de tout préjugé hostile, soutiendra nos efforts pour obtenir d'heureux résultats, même dans le traitement des cas graves de psychonévroses.

a. Le roman humoristique de F. T. Vischer, *Auch einer* (1879), a pour thème la lutte de l'homme contre la « perfidie du monde ». Cf. *supra*, p. 29.

Les chances d'avenir de la thérapie psychanalytique*

* *OCF.P*, X, p. 63-73 ; *GW*, VIII, p. 104-115.

DIE ZUKÜNFTIGEN CHANCEN DER PSYCHOANALYTISCHEN THERAPIE

1910 [1910 *d*]

Première publication

1910 *Zbl. Psychoanal.*, *1* (1-2), p. 1-9.

Principales éditions allemandes

1925 *Gesammelte Schriften,* t. VI, p. 25-36.
1943 *Gesammelte Werke,* t. VIII, p. 104-115.
1975 *Studienausgabe, Ergänzungsband,* p. 123-132.

Traduction anglaise

1957 *Standard Edition,* t. XI, p. 141-151 : The Future Prospects of Psycho-Analytic Therapy.

Première traduction française

1953 Perspectives d'avenir de la thérapeutique analytique, traduit par A. Berman, *in* S. Freud, *La technique psychanalytique,* Paris, Presses Universitaires de France, p. 23-34.

Travail lu par Freud au IIe Congrès International de Psychanalyse, qui se tint à Nuremberg les 30 et 31 mars 1910.

LES CHANCES D'AVENIR DE LA THÉRAPIE PSYCHANALYTIQUE

Messieurs, comme ce sont aujourd'hui principalement des buts pratiques qui nous ont rassemblés, je choisirai moi aussi un thème pratique pour objet de ma conférence introductive, en faisant appel non à votre intérêt scientifique, mais à votre intérêt médical. Je vois bien comment vous jugez sans doute les succès de notre thérapie et je suppose que la plupart d'entre vous sont déjà passés par les deux phases connues des débutants, celle du ravissement quant à l'accroissement insoupçonné de notre action thérapeutique et celle de la dépression quant à l'ampleur des difficultés qui font obstacle à nos efforts. Mais, à quelque point de cette évolution que tel ou tel d'entre vous puisse se trouver, je me propose aujourd'hui de vous montrer que nous n'avons pas épuisé tous les moyens dont nous disposons pour combattre les névroses, et que nous sommes en droit d'attendre encore d'un avenir assez proche une amélioration considérable de nos chances thérapeutiques. 104

C'est de trois côtés que, selon moi, nous viendra le renfort :

1) par progrès interne,

2) par supplément d'autorité,

3) par l'effet général[a] de notre travail.

Ad[b] *1)* Par « progrès interne » j'entends le progrès a) dans notre savoir analytique, b) dans notre technique. 105

a) Sur le progrès de notre savoir : naturellement nous sommes encore loin de savoir tout ce dont nous avons besoin pour la compréhension de l'inconscient chez nos malades. Or il est clair que tout progrès de notre savoir signifie un supplément de pouvoir pour notre thérapie. Aussi longtemps que nous n'avons rien compris, nous ne sommes non plus arrivés à rien ; plus nous apprenons à comprendre, plus nous serons performants. En ses débuts, la cure

a. Cf. *infra*, p. 48, Ad 3.
b. En latin dans le texte : se rapportant à.

psychanalytique était impitoyable et épuisante. Il fallait que le patient dise tout lui-même, et l'activité du médecin consistait à le presser sans cesse. Aujourd'hui, les choses se présentent sous un jour plus amical. La cure se compose de deux parts, ce que le médecin devine et dit au malade, et, du côté du malade, l'élaboration de ce qu'il a entendu. Le mécanisme de l'aide que nous apportons est certes facile à comprendre ; nous donnons au malade la représentation d'attente consciente, à la ressemblance de laquelle il décèle chez lui celle qui est inconsciente, refoulée. C'est cette aide intellectuelle qui lui facilite le surmontement des résistances entre conscient et inconscient. je vous fais remarquer en passant que ce n'est pas l'unique mécanisme qui est utilisé dans la cure analytique ; vous connaissez tous en effet le mécanisme, de beaucoup plus énergique, qui consiste à utiliser le « transfert ». Je m'efforcerai de traiter sous peu de toutes ces choses importantes pour la compréhension de la cure dans une « Méthodologie[a] générale de la psychanalyse[b] ». Aussi n'ai-je pas à repousser devant vous l'objection que, dans la pratique actuelle de la cure, la force probante en faveur de la justesse de nos présuppositions s'estompe ; vous n'oubliez pas que ces preuves sont à trouver autre part et qu'une intervention thérapeutique ne peut être menée comme une investigation théorique.

106 Laissez-moi maintenant toucher à quelques domaines dans lesquels nous avons à apprendre du nouveau et où l'expérience nous apporte effectivement chaque jour du nouveau. Ici, avant tout, le domaine de la symbolique dans le rêve et dans l'inconscient. Un thème durement controversé, comme vous savez ! Ce n'est pas un mince mérite de notre collègue W. Stekel[c] que de s'être adonné, sans se soucier de la protestation de tous les adversaires, à l'étude des symboles du rêve. Il y a là effectivement encore beaucoup à apprendre ; mon « Interprétation du rêve[d] », rédigée en 1899, attend d'importants compléments de l'étude de la symbolique.

a. *Methodik.*

b. Projet de travail sur la technique psychanalytique auquel Freud ne donnera pas suite.

c. Wilhelm Stekel (1868-1940).

d. *Die Traumdeutung, GW,* II-III, p. 360 ; *OCF.P,* IV, p. 400-401.

C'est sur un de ces symboles nouvellement reconnus que j'aimerais vous dire quelques mots : il y a quelque temps[a], il fut porté à ma connaissance qu'un psychologue, qui se situe assez loin de nous, s'est adressé à l'un de nous en faisant remarquer que nous surestimions tout de même la signification sexuelle secrète des rêves. Son rêve le plus fréquent était de monter un escalier[b] et selon lui il n'y avait tout de même rien de sexuel là derrière. Rendus attentifs par cette objection, nous avons prêté attention à l'occurrence, dans le rêve, des marches[c], escaliers, échelles et nous pûmes bientôt constater que l'escalier (et ce qui lui est analogue) constitue un symbole de coït certain. Il n'est pas difficile de déceler ce qui est à la base de la comparaison ; par paliers rythmiques, avec une détresse respiratoire croissante, on arrive à un sommet et l'on peut ensuite en quelques bonds rapides se retrouver en bas. Ainsi le rythme du coït se retrouve-t-il dans la montée des escaliers[d]. N'oublions pas de faire appel à l'usage de la langue. Il nous montre que le fait de « steigen[e] » est employé sans plus de façon comme désignation substitutive de l'action sexuelle. On a coutume de dire : l'homme est un « Steiger[f] », et « nachsteigen[g] ». En français, die Stufe der Treppe[h] se dit : *la marche*[i] ; « *un vieux marcheur*[i] » coïncide tout à fait avec notre « ein alter Steiger[j] ». Le matériel de rêve d'où sont issus ces symboles nouvellement reconnus vous sera soumis en son temps par le Comité pour la Recherche collective sur la Symbolique, que nous devons mettre en place. Sur un autre symbole 107
intéressant, celui du « sauver » et sur son changement de signification, vous trouverez des indications dans le deuxième tome de notre Jahrbuch. Mais je dois interrompre ici, sinon je n'en viendrai pas aux autres points.

a. Ce passage, jusqu'à « ein alter Steiger », est reproduit dans une note ajoutée à l'édition de 1911 de *L'Interprétation du rêve.*

b. *Stiege :* en autrichien, à la fois escalier et marche d'escalier.

c. *Stiegen.*

d. *im Stiegensteigen :* mot composé de deux parties qui ont même étymologie, d'où un effet de rythme dans le mot lui-même.

e. *das Steigen :* le fait de monter.

f. Littéralement : un monteur.

g. Mot populaire : courir après (littéralement : monter après).

h. La marche de l'escalier.

i. Les mots en italiques sont en français dans le texte.

j. Un vieux monteur.

Chacun de vous, individuellement, se convaincra d'après son expérience qu'il affronte de manière tout à fait différente un nouveau cas, lorsqu'il a préalablement percé à jour la texture de quelques cas de maladie typiques. Supposez maintenant que nous ayons mis en formules succinctes les lois auxquelles se conforme l'édification des diverses formes de névroses, tout comme nous avons réussi à le faire jusqu'à présent pour la formation·de·symptôme hystérique, quelle assurance acquérerait par là notre jugement pronostique ! Oui, de même que l'accoucheur apprend par l'inspection du placenta s'il a été complètement expulsé, ou si subsistent encore des restes nocifs, de même nous pourrions dire, indépendamment du succès[a] et de l'état du malade à tel ou tel moment, si nous avons réussi définitivement le travail, ou s'il nous faut compter avec des rechutes et une nouvelle entrée en maladie.

b) J'en viens rapidement aux innovations dans le domaine de la technique où effectivement la plupart des choses attendent encore d'être définitivement établies et où beaucoup commencent, précisément maintenant, à devenir claires. La technique psychanalytique s'assigne maintenant deux sortes de buts, épargner de la peine au médecin et ouvrir au malade l'accès le moins restreint possible à son inconscient. Vous savez que dans notre technique une transformation principielle a eu lieu. À l'époque de la cure cathartique, nous nous assignions comme but l'élucidation des symptômes, puis nous nous détournâmes des symptômes et y substituâmes comme but la mise à découvert des « complexes » – selon le mot devenu indispensable de Jung –; mais maintenant nous orientons le travail directement vers la découverte et le surmontement des « résistances » et nous nous fions, à juste titre, au fait que les complexes se dégageront sans peine dès que les résistances seront reconnues et éliminées. Chez plus d'un parmi
108 vous, le besoin s'est manifesté depuis lors de parvenir à une vue d'ensemble et à une classification de ces résistances. Je vous prie maintenant de vérifier sur votre matériel si vous pouvez confirmer le résumé suivant : chez des patients masculins, les résistances à la cure les plus significatives semblent procéder du complexe pater-

a. *Erfolg* = « succès » au sens de résultat, heureux ou malheureux.

nel et se résoudre en peur du père, défi envers le père et incrédulité envers le père.

D'autres innovations de la technique concernent la personne du médecin lui-même. Nous sommes devenus attentifs au « contre-transfert » qui s'installe chez le médecin de par l'influence du patient sur la sensibilité inconsciente[a] du médecin et nous ne sommes pas loin d'avancer l'exigence que le médecin doive obligatoirement reconnaître en lui-même et maîtriser ce contre-transfert. Nous avons remarqué, depuis qu'un assez grand nombre de personnes pratiquent la psychanalyse et échangent entre elles leurs expériences, que chaque psychanalyste ne va qu'aussi loin que le permettent ses propres complexes et résistances internes, et nous réclamons par conséquent qu'il commence son activité par son auto-analyse[b], et approfondisse continuellement celle-ci au fur et à mesure de ses expériences avec le malade. Celui qui n'arrive à rien dans une telle auto-analyse n'a pas autre chose à faire qu'à se contester à lui-même la capacité de traiter analytiquement des malades.

Nous sommes maintenant près de reconnaître aussi que la technique analytique, selon la forme de maladie et selon les pulsions qui prédominent chez le patient, doit nécessairement subir certaines modifications. Nous sommes partis, il est vrai, de la thérapie de l'hystérie de conversion ; pour l'hystérie d'angoisse (les phobies), il nous faut changer quelque peu notre démarche. Ces malades ne peuvent en effet fournir le matériel décisif pour la résolution de la phobie, aussi longtemps qu'ils se sentent protégés par l'observance de la condition posée par la phobie. Qu'ils renoncent dès le début de la cure au dispositif de protection et travaillent dans les conditions de l'angoisse, cela, on ne l'obtient naturellement pas. Il faut donc leur apporter de l'aide par traduction de leur inconscient, jus- 109
qu'à ce qu'ils puissent se décider à renoncer à la protection de la phobie et qu'ils s'exposent à une angoisse désormais très modérée. L'ont-ils fait, c'est alors seulement que devient accessible le matériel

a. *das unbewußte Fühlen.*

b. *Selbstanalyse* peut désigner à la fois l'analyse de soi par un analyste et l'analyse de soi par soi-même. Ce passage a été interprété des deux façons.

dont la maîtrise mène à la solution de la phobie. D'autres modifications de la technique, qui ne me semblent pas encore assez mûres pour qu'on en juge, seront requises dans le traitement des névroses de contrainte. Des questions tout à fait significatives, non encore clarifiées, émergent dans ce contexte, quant à savoir dans quelle mesure il convient, pendant la cure, d'accorder une part de satisfaction aux pulsions du malade combattues, et quelle différence cela fait, alors, que ces pulsions soient de nature active (sadique) ou passive (masochiste).

Vous aurez, j'espère, retenu l'impression qu'une fois su tout ce qu'à présent nous ne faisons que pressentir, et une fois réalisées toutes les améliorations de la technique auxquelles l'expérience approfondie avec nos malades doit obligatoirement nous mener, notre pratique médicale parviendra alors à une précision et à une assurance de succès qui ne se rencontrent pas dans tous les domaines spécialisés de la médecine.

Ad 2) J'ai dit que nous aurions beaucoup à attendre du supplément d'autorité qui ne manquera pas de nous échoir au cours du temps. Sur la signification de l'autorité, je n'ai pas besoin de vous en dire beaucoup. Une minorité d'hommes de la culture est capable d'exister sans s'étayer sur d'autres ou même seulement de porter un jugement autonome. De la soif d'autorité et de l'inconsistance intérieure des hommes, vous ne pouvez vous faire une représentation trop sévère. L'augmentation extraordinaire des névroses depuis l'affaiblissement des religions peut bien vous en donner la mesure. L'appauvrissement du moi, du fait de la grande dépense de refoulement que la culture exige de chaque individu, peut bien être une des causes les plus essentielles de cet état.

Cette autorité et l'énorme suggestion qui en émane furent jus-
110 qu'à présent contre nous. Tous nos succès thérapeutiques ont été obtenus contre cette suggestion ; on peut s'étonner que dans de telles circonstances il ait même été possible d'obtenir des succès. Je ne veux pas me laisser aller jusqu'à vous dépeindre les agréments de ces temps où j'étais seul à représenter la psychanalyse. Je sais que les malades, à qui je donnais l'assurance que je saurais leur apporter un recours durable contre leurs souffrances, passaient en revue mon modeste environnement, pensaient à mon peu de renom

et de titres et me considéraient un peu comme celui qui détient un système infaillible pour gagner sur les lieux mêmes d'une maison de jeu, et à qui l'on objecte que l'homme qui aurait ce pouvoir aurait forcément lui-même une autre figure. Et il n'était d'ailleurs vraiment pas commode de pratiquer des opérations psychiques, alors que le collègue qui aurait eu le devoir d'assistance trouvait un contentement particulier à cracher dans le champ opératoire et que les proches menaçaient l'opérateur dès qu'il y avait du sang ou des mouvements d'agitation chez le malade. Une opération peut bien sûr entraîner des phénomènes réactionnels ; en chirurgie nous y sommes habitués depuis longtemps. On ne me croyait tout bonnement pas, tout comme aujourd'hui encore on nous croit peu, les uns et les autres ; dans de telles conditions, mainte intervention ne pouvait qu'échouer. Pour mesurer combien nos chances thérapeutiques augmentent quand la confiance générale se tourne vers nous, pensez à la position du médecin des femmes en Turquie et en Occident. Tout ce que là-bas le médecin des femmes a le droit de faire, c'est, sur le bras qui lui est tendu à travers un trou dans la cloison, de tâter le pouls. À une telle inaccessibilité de l'objet correspond aussi la performance médicale ; nos adversaires en Occident veulent bien nous autoriser à disposer, à peu près de même, de l'animique de nos malades. Mais depuis que la suggestion de la société pousse la femme malade vers le gynécologue, celui-ci est devenu l'aide et le sauveur de la femme. Ne dites pas maintenant que, si l'autorité de la société nous vient en aide et si elle accroît au même point nos
succès, cela ne prouvera rien quant à la justesse de nos présupposi- 111
tions. À ce qu'on prétend, la suggestion peut tout et nos succès seront alors des succès de la suggestion et non de la psychanalyse. La suggestion de la société ne favorise-t-elle pas à présent les cures hydrothérapiques, diététiques et électriques chez les nerveux, sans que ces mesures réussissent à venir à bout des névroses ? On verra bien si les traitements psychanalytiques sont en mesure d'être plus performants.

Mais voici qu'il me faut, pourtant, tempérer de nouveau vos attentes. La société ne s'empressera pas de nous concéder de l'autorité. Elle ne peut être envers nous qu'en position de résistance, car nous nous comportons envers elle de façon critique ; nous lui démontrons qu'elle-même a une grande part dans la causation des névroses. Tout comme nous faisons de l'individu notre ennemi par la mise à découvert de ce qui est en lui refoulé, la société, quant à elle, ne peut pas répondre avec faveur et sympathie à la mise à nu, sans égards, de ses nuisances et déficiences ; parce que nous détruisons des illusions, on nous reproche de mettre en danger les idéaux. Il semble donc ainsi que la condition, dont j'attends une si grande promotion de nos chances thérapeutiques, n'interviendra jamais. Et pourtant la situation n'est pas aussi désolante qu'on pourrait à présent l'estimer. Quel que puisse être le pouvoir des affects et intérêts des hommes, l'intellectualité est pourtant bien aussi un pouvoir. Non pas précisément celui qui s'impose d'emblée, mais celui qui le fait d'autant plus sûrement à la fin. Les vérités les plus incisives finissent par être entendues et reconnues, une fois que les intérêts blessés par elles et les affects éveillés par elles sont revenus de leurs fureurs. Il en a toujours été ainsi jusqu'à présent et les vérités non souhaitées que nous, psychanalystes, avons à dire au monde trouveront le même destin. Seulement, cela ne se produira pas très rapidement ; nous devons être capables d'attendre.

112 *Ad 3)* Il me faut enfin vous expliquer ce que j'entends par l'« effet général » de notre travail et comment j'en viens à mettre en lui des espoirs. Il se présente là une très remarquable constellation thérapeutique qui peut-être ne se retrouve nulle part de la même façon, qui d'ailleurs vous apparaîtra au premier abord comme déconcertante, jusqu'à ce que vous ayez reconnu en elle quelque chose qui vous est depuis longtemps familier. Vous savez bien que les psychonévroses sont des satisfactions substitutives déformées de pulsions dont on est obligé de dénier l'existence devant soi-même et devant les autres. Leur capacité d'existence repose sur cette déformation et cette méconnaissance. Une fois solutionnée l'énigme qu'ils constituent et une fois cette solution acceptée par les malades, ces états de maladie deviennent incapables d'existence. Il n'y a guère d'équivalent en médecine ; dans les contes, vous entendez parler d'esprits mauvais dont le pouvoir est brisé dès qu'on peut leur dire leur nom tenu secret.

Mettez maintenant à la place du malade individuel l'ensemble de la société malade de névroses, elle qui est faite de personnes

malades et bien-portantes, mettez à la place de l'acceptation de la solution dans le premier cas la reconnaissance générale dans le second, une brève réflexion vous montrera alors que ce remplacement n'est pas en mesure de changer quoi que ce soit au résultat. Le succès que la thérapie peut avoir avec l'individu ne manquera pas d'intervenir aussi avec la masse. Leurs diverses névroses, leur excès de tendresse anxieuse qui cherche à dissimuler la haine, leur agoraphobie qui parle de leur ambition déçue, leurs actions de contrainte qui constituent des reproches en raison de mauvais desseins et des garanties contre ceux-ci, les malades ne peuvent les faire connaître, alors que le sens général de leurs symptômes est connu de tous les proches et étrangers à qui ils veulent dissimuler leurs processus animiques, et alors qu'ils savent eux-mêmes qu'ils ne produisent rien dans les manifestations de leur maladie que les autres ne s'entendent à interpréter aussitôt. Mais l'effet ne se limitera pas à la dissimulation – d'ailleurs fréquemment irréali- 113
sable – des symptômes ; car, du fait de cette obligation de dissimuler, l'état de maladie devient inutilisable. La communication du secret a attaqué en son point le plus épineux l'« équation étiologique » d'où procèdent les névroses, elle a rendu illusoire le bénéfice de la maladie, et c'est pourquoi la conséquence finale de la modification de l'état de choses par l'indiscrétion du médecin ne peut être rien d'autre que l'arrêt de la production de maladie.

Si cet espoir vous semble utopique, laissez-moi vous rappeler que l'élimination de phénomènes névrotiques s'est effectivement déjà produite par cette voie, bien que dans des cas tout à fait isolés. Songez avec quelle fréquence, à des époques antérieures, l'hallucination de la Sainte Vierge se produisait chez de jeunes paysannes. Aussi longtemps qu'une telle apparition avait pour conséquence un grand afflux de croyants, voire même l'édification d'une chapelle sur le lieu du pèlerinage, l'état visionnaire de ces jeunes filles était inaccessible à toute influence. Aujourd'hui, même le clergé a modifié sa position vis-à-vis de ces apparitions ; il permet au gendarme et au médecin de se rendre chez la visionnaire et, depuis, la Sainte Vierge n'apparaît que très rarement. Ou bien permettez que j'étudie avec vous ces mêmes processus, que j'ai précédemment reportés dans l'avenir, sur une situation analogue, mais d'un plus bas niveau

et par là plus facile à voir dans son ensemble. Supposez qu'un cercle composé de messieurs et de dames de la bonne société soit convenu d'une excursion d'une journée jusqu'à une auberge située dans la verdure. Les dames se sont concertées pour que, si l'une d'elles voulait satisfaire un besoin naturel, elle dise à voix haute qu'elle va maintenant cueillir des fleurs ; mais un mauvais plaisant a surpris le secret et fait mettre sur le programme imprimé et envoyé aux participants : Quand les dames voudront s'isoler, elles n'auront qu'à dire qu'elles vont cueillir des fleurs. Naturellement,
114 aucune des dames ne voudra plus se servir de ce prétexte fleuri, et des formules semblables issues d'une nouvelle convention seront rendues tout aussi difficiles. Quelle en sera la conséquence ? Les dames avoueront sans crainte leurs besoins naturels et aucun des messieurs n'en sera choqué. Revenons à notre cas plus sérieux. Tant et tant d'êtres humains, dans des conflits de la vie dont la solution devenait par trop difficile, ont fui dans la névrose et ont obtenu par là un bénéfice de maladie impossible à méconnaître, quoiqu'à la longue bien trop onéreux. Que devront faire ces êtres si la fuite dans la maladie leur est barrée par les éclaircissements indiscrets de la psychanalyse ? Il leur faudra être honnêtes, avouer les pulsions qui se sont éveillées en eux, tenir bon dans le conflit ; ils combattront ou renonceront, et la tolérance de la société, qui s'installe inéluctablement à la suite des éclaircissements psychanalytiques, leur viendra en aide.

Mais souvenons-nous qu'on n'a pas le droit d'aborder la vie en fanatique de l'hygiène ou de la thérapie. Avouons-nous franchement que cette prévention idéale des affections névrotiques ne tournera pas à l'avantage de tous les individus. Un bon nombre de ceux qui fuient aujourd'hui dans la maladie ne survivraient pas au conflit dans les conditions supposées par nous, mais au contraire ils périraient rapidement ou bien provoqueraient un mal plus grand que leur propre affection névrotique. Les névroses ont justement leur fonction biologique comme dispositif de protection, et elles ont leur justification sociale : le « bénéfice de maladie » qu'elles procurent n'est pas toujours purement subjectif. Qui d'entre vous, un jour, n'est pas déjà allé voir une fois ce qu'il y a derrière la causation d'une névrose, névrose dans laquelle il lui fallut reconnaître l'issue la plus douce parmi toutes les possibilités offertes par la situation. Et doit-on effectivement consentir de si lourds sacrifices précisément pour l'extirpation des névroses, alors même que le monde est plein d'autres misères inéluctables ?

Devons-nous donc abandonner nos efforts pour éclaircir le sens 115
secret de la névrotique[a], comme s'ils étaient en dernier ressort dangereux pour l'individu et dommageables au fonctionnement de la société, devons-nous renoncer à tirer d'un morceau de connaissance scientifique sa conséquence pratique ? Non, j'estime que notre devoir va bel et bien dans l'autre direction. Le bénéfice de maladie des névroses n'est-il pas dans l'ensemble et au bout du compte un dommage pour les individus comme pour la société ? Le malheur qui peut se produire par suite de notre travail d'éclaircissement ne concernera d'ailleurs que quelques individus. La conversion à un état de la société plus conforme à la vérité et plus digne ne sera pas payée trop cher avec ces sacrifices. Mais avant toute chose : toutes les énergies, qui se consument aujourd'hui dans la production de symptômes névrotiques au service d'un monde de la fantaisie isolé de la réalité effective, aideront néanmoins, même si elles ne peuvent déjà profiter à la vie, à renforcer le cri s'élevant en faveur de ces modifications dans notre culture, les seules dans lesquelles nous pouvons entrevoir le salut pour ceux qui viendront après nous.

Ainsi donc j'aimerais prendre congé de vous avec l'assurance que vous faites votre devoir à plus d'un titre quand vous traitez psychanalytiquement vos malades. Vous ne travaillez pas seulement au service de la science en exploitant l'occasion unique, et qui ne revient jamais, de percer à jour les secrets des névroses ; vous ne dispensez pas seulement à votre malade le traitement le plus efficace contre ses souffrances qui soit aujourd'hui à notre disposition ; vous apportez aussi votre contribution à ces éclaircissements donnés à la masse, dont nous attendons la prophylaxie la plus radicale des affections névrotiques avec le détour par l'autorité sociale.

a. *die Neurotik :* le champ des névroses.

De la psychanalyse « sauvage »*

* *OCF.P,* X, p. 207-213 ; *GW,* VIII, p. 118-125.

ÜBER « WILDE » PSYCHOANALYSE
1910 [1910 *k*]

Première publication

1910 *Zbl. Psychoanal., 1* (3), p. 91-95.

Principales éditions allemandes

1925 *Gesammelte Schriften,* t. VI, p. 37-44.
1943 *Gesammelte Werke,* t. VIII, p. 118-125.
1975 *Studienausgabe, Ergänzungsband,* p. 135-141.

Traduction anglaise

1957 *Standard Edition,* t. XI, p. 221-227 : « Wild » Psycho-Analysis.

Première traduction française

1953 À propos de la psychanalyse dite « sauvage », traduit par A. Berman, *in* S. Freud, *La technique psychanalytique,* Paris, Presses Universitaires de France, p. 35-42.

Paru en décembre 1910, ce « petit essai didactique » (lettre à Ferenczi du 27 octobre) reprend un thème déjà abordé en 1905 dans l'article « Über Psychotherapie » (De la psychothérapie, *GW,* V ; *OCF.P,* VI).

DE LA PSYCHANALYSE « SAUVAGE »

Il y a quelques jours apparut à ma consultation, accompagnée et 118
protégée par une amie, une dame d'un certain âge qui se plai-
gnait d'états d'angoisse. Elle était dans la deuxième moitié de la
quarantaine, assez bien conservée, et n'avait visiblement pas encore
mis un terme à sa féminité. Le facteur ayant occasionné l'éruption
de ces états était le divorce d'avec son dernier mari ; mais, d'après
ce qu'elle indiquait, l'angoisse avait connu un accroissement consi-
dérable depuis que, dans son faubourg, elle avait consulté un jeune
médecin ; celui-ci en effet lui avait exposé que la cause de son
angoisse était son état de besoin sexuel. Selon lui, elle ne pouvait
pas se passer du commerce avec l'homme et c'est pourquoi il n'y
avait pour elle que trois voies menant à la santé : ou elle retournait
vers son mari, ou elle prenait un amant, ou elle se satisfaisait elle-
même. Depuis, elle se disait convaincue qu'elle était inguérissable,
car elle ne voulait pas retourner vers son mari, et les deux autres
moyens étaient contraires à sa morale et à ses idées religieuses. Mais
elle était venue vers moi parce que le médecin lui avait dit qu'il y
avait une manière de voir nouvelle, dont on m'était redevable, et
qu'elle devait aller chercher auprès de moi la confirmation qu'il en
était ainsi et pas autrement. L'amie, une femme plus âgée encore,
paraissant étiolée et en mauvaise santé, me conjura alors d'assurer
à la patiente que le médecin s'était trompé. Selon elle, il ne pouvait 119
quand même pas en être ainsi, car elle-même était veuve depuis de
longues années et était quand même restée convenable sans souffrir
d'angoisse.

Je ne veux pas m'attarder sur la situation difficile dans laquelle je fus mis par cette visite, mais éclairer le comportement du collègue qui m'avait envoyé cette malade. Auparavant, je veux rappeler une réserve qui n'est peut-être pas superflue – du moins l'espérons-nous. De longues années d'expérience m'ont enseigné – comme elles pourraient l'enseigner aussi bien à tout un chacun – à ne pas admettre à la légère comme vrai ce que les patients, tout particulièrement les nerveux, racontent de leur médecin. Non seulement le médecin des nerfs devient aisément, dans tout mode de traitement, l'objet que visent de multiples motions hostiles du patient ; mais il lui faut même consentir parfois à assumer, par une sorte de projection, la responsabilité des souhaits refoulés secrets des nerveux ; dès lors c'est un fait triste, mais caractéristique, que de telles diffamations ne trouvent nulle part plus facilement créance qu'auprès d'autres médecins.

J'ai donc le droit d'espérer que la dame de ma consultation m'a fait un compte rendu tendancieusement déformé des propos de son médecin et que je me mets en tort à son égard, lui que je ne connais pas personnellement, en rattachant précisément à ce cas mes remarques sur la psychanalyse « sauvage ». Mais peut-être que par là j'en empêche d'autres de faire du tort à leurs malades.

Admettons donc que le médecin a parlé exactement comme la patiente me l'a rapporté.

Dès lors, tout un chacun arguera facilement, pour le critiquer, qu'un médecin, s'il tient pour nécessaire de traiter avec une femme du thème de la sexualité, se doit de le faire avec tact et ménagement. Mais ces exigences coïncident avec l'observance de certains préceptes *techniques* de la psychanalyse et, de plus, le médecin
120 aurait méconnu ou mal compris une série d'enseignements *scientifiques* de la psychanalyse et aurait montré par là combien il a peu avancé dans la compréhension de l'essence et des visées de celle-ci.

Commençons par ces dernières erreurs, les erreurs scientifiques. Les conseils du médecin font apparaître clairement dans quel sens il conçoit la « vie sexuelle ». À savoir dans le sens populaire où l'on ne comprend par besoins sexuels rien d'autre que le besoin du coït ou de manœuvres analogues provoquant l'orgasme et l'évacuation des substances sexuées. Il n'a pu cependant rester inconnu du médecin qu'on a coutume de faire reproche à la psychanalyse d'étendre le concept de sexuel bien au-delà de son acception usuelle. Le fait est exact ; qu'il soit permis de l'utiliser ou non comme reproche, ce n'est pas ici le lieu d'en débattre. Le concept de sexuel englobe en psychanalyse bien davantage ; il va, vers le bas comme vers le haut, au-delà du sens populaire. Cet élargisse-

ment se justifie génétiquement ; nous portons également au compte de la « vie sexuelle » toute mise en action de sentiments tendres, qui procèdent de la source des motions sexuelles primitives, même si ces motions connaissent une inhibition quant à leur but originellement sexuel ou ont échangé ce but contre un autre qui n'est plus sexuel. Aussi préférons-nous parler de psychosexualité et tenons-nous ainsi pour important de ne pas omettre de voir et de ne pas sous-estimer le facteur animique de la vie sexuelle. Nous employons le mot sexualité dans le même sens englobant que la langue allemande le mot « lieben[a] ». Nous savons aussi depuis longtemps que de l'insatisfaction animique peut persister avec toutes ses conséquences là où il n'y a pas manque de commerce sexuel normal, et, en tant que thérapeutes, nous ne perdons jamais de vue que seule une faible part des tendances sexuelles insatisfaites, dont nous 121
combattons les satisfactions substitutives qui ont la forme de symptômes nerveux, peut être éconduite par le coït ou d'autres actes sexuels.

Celui qui ne partage pas cette conception de la psychosexualité n'a pas le droit de se réclamer des thèses de la psychanalyse, dans lesquelles il est traité de la significativité étiologique de la sexualité. Celui-là s'est certainement beaucoup simplifié le problème en accentuant exclusivement le facteur somatique dans le sexuel, mais il portera bien seul la responsabilité de sa démarche.

Les conseils du médecin laissent encore transparaître une seconde et tout aussi fâcheuse mécompréhension.

Il est exact que la psychanalyse prétend qu'une insatisfaction sexuelle est la cause des souffrances nerveuses. Mais n'en dit-elle pas encore davantage ? Veut-on laisser de côté, comme étant trop compliqué, ce qu'elle enseigne, à savoir que les symptômes nerveux découlent d'un conflit entre deux puissances, entre une libido (devenue le plus souvent excessivement grande) et une récusation du sexuel ou un refoulement beaucoup trop sévères ? Celui qui n'oublie pas ce second facteur, auquel ne fut vraiment pas assigné le second rang, ne pourra jamais croire que la satisfaction sexuelle est en soi un moyen généralement fiable pour guérir les maux des

a. aimer.

nerveux. En effet, une bonne partie de ces êtres humains n'est pas capable de satisfaction dans de telles circonstances ou bien n'en est pas capable du tout. S'ils en étaient capables, s'ils n'avaient pas leurs résistances internes, alors la force de la pulsion leur indiquerait la voie de la satisfaction, même si le médecin ne la leur conseillait pas. À quoi bon alors un conseil tel que celui que le médecin est censé avoir donné à cette dame ?

Même si le conseil se justifie scientifiquement, il ne peut être mis par elle à exécution. Si elle n'avait pas de résistances internes contre l'onanisme ou contre un rapport amoureux, elle aurait eu recours depuis longtemps déjà à l'un de ces moyens. Ou bien alors le médecin pense-t-il qu'une femme de plus de quarante ans serait
122 sans savoir que l'on peut se prendre un amant, ou surestime-t-il son influence au point de penser que, sans approbation médicale, elle ne pourrait jamais se résoudre à faire ce pas ?

Tout cela semble très clair, et pourtant, il faut l'avouer, il y a un facteur qui rend souvent difficile de porter un jugement. Certains des états nerveux, ce qu'on appelle les *névroses actuelles*, telles la neurasthénie typique et la névrose d'angoisse pure, dépendent manifestement du facteur somatique de la vie sexuelle, alors que nous n'avons pas encore une représentation assurée du rôle qu'y jouent le facteur psychique et le refoulement. Dans de tels cas, il va de soi pour le médecin d'envisager d'abord une thérapie actuelle, une modification de l'activité sexuelle somatique, et il le fait de plein droit quand son diagnostic a été juste. La dame qui a consulté le jeune médecin se plaignait avant tout d'états d'angoisse, et, à ce moment-là, il fit vraisemblablement l'hypothèse qu'elle souffrait de névrose d'angoisse, et se considéra comme autorisé à lui recommander une thérapie somatique. Encore une mécompréhension commode ! Celui qui souffre d'angoisse n'a pas nécessairement pour autant une névrose d'angoisse ; ce diagnostic ne peut être déduit du nom ; il faut savoir quels sont les phénomènes qui constituent une névrose d'angoisse, et il faut les différencier d'autres états de maladie se manifestant également par de l'angoisse. La dame en question, c'est mon impression, souffrait d'une *hystérie d'angoisse*, et toute la valeur, en soi d'ailleurs pleinement suffisante, de telles différenciations nosographiques réside dans le fait qu'elles renvoient à une autre étiologie et à une autre thérapie. Celui qui aurait envisagé ainsi la possibilité d'une hystérie d'angoisse ne se serait pas exposé à négliger les facteurs psychiques comme cela apparaît dans les conseils donnés par le médecin sous forme d'alternative[a].

Il est très remarquable que, dans cette alternative thérapeutique du prétendu psychanalyste, il ne reste aucune place... pour la
psychanalyse. Cette femme est censée ne pouvoir guérir de son 123
angoisse que si elle retourne vers son mari ou si elle se satisfait soit par la voie de l'onanisme, soit avec un amant. Où pourrait donc intervenir le traitement analytique dans lequel nous voyons le principal moyen thérapeutique dans les états d'angoisse ?

Nous serions donc arrivés aux manquements techniques que nous reconnaissons dans la démarche du médecin, dans le cas envisagé ici[b]. C'est une conception surmontée depuis longtemps, et tenant aux apparences superficielles, d'estimer que le malade souffre en raison d'une sorte d'ignorance et que si l'on supprimait cette ignorance par communication (concernant les corrélations causales entre sa maladie et sa vie, concernant ses expériences vécues de l'enfance, etc.), il ne pourrait que recouvrer la santé. Ce n'est pas ce non-savoir en soi qui est le facteur pathogène, mais le fait que ce non-savoir est fondé sur des *résistances internes* qui ont tout d'abord suscité le non-savoir et qui maintenant encore l'entretiennent. C'est dans le combat livré contre ces résistances que réside la tâche de la thérapie. La communication de ce que le malade ne sait pas, puisqu'il l'a refoulé, n'est qu'une des préparations nécessaires à la thérapie. Si le savoir de l'inconscient était aussi important pour le malade que le croit celui qui n'a pas l'expérience de la psychanalyse, il suffirait alors pour la guérison que le malade suive des leçons ou lise des livres. Mais ces mesures ont tout autant d'influence sur les symptômes de souffrance des nerveux que n'en aurait sur la faim la distribution de menus en période de famine. La comparaison est même utilisable au-delà de sa première

a. *Alternativratschläge.* Il s'agit en fait des « trois voies menant à la santé » mentionnées *supra*, p. 55.

b. La première édition de 1910 ajoutait ici la phrase : « Il est facile de les ramener à l'absence de savoir. »

application, car la communication de l'inconscient, faite au malade, a régulièrement pour conséquence d'exacerber en lui le conflit et d'accroître ses maux.

Mais comme la psychanalyse ne peut pas se passer d'une telle communication, elle prescrit que celle-ci ne doit pas intervenir avant que ne soient remplies deux conditions. Premièrement, pas avant que le malade, grâce à une préparation, ne soit arrivé lui-
124 même à proximité de ce qu'il a refoulé, et, deuxièmement, pas avant qu'il ne se soit attaché au médecin (transfert) au point que la relation de sentiment avec le médecin lui rende impossible de fuir de nouveau.

C'est seulement ces conditions une fois remplies qu'il devient possible de reconnaître les résistances qui ont conduit au refoulement et au non-savoir, et de s'en rendre maître. Une intervention psychanalytique présuppose donc absolument un contact assez prolongé avec le malade, et des tentatives pour prendre le malade au dépourvu lors de sa première visite en consultation, en lui communiquant brusquement ses secrets devinés par le médecin, sont techniquement répréhensibles et se sanctionnent le plus souvent en attirant au médecin la cordiale hostilité du malade et en coupant court à l'exercice de toute influence ultérieure.

Sans compter du reste que, parfois, on devine faux et qu'on n'est jamais à même de tout deviner. C'est par ces préceptes techniques déterminés que la psychanalyse remplace l'exigence de ce « tact médical » insaisissable dans lequel on veut voir un don particulier.

Il ne suffit donc pas pour le médecin de connaître quelques-uns des résultats de la psychanalyse ; on doit aussi s'être familiarisé avec sa technique si l'on veut que notre action médicale soit guidée par les points de vue psychanalytiques. Aujourd'hui encore, cette technique ne peut pas être apprise dans les livres et assurément elle ne peut même être trouvée qu'au prix de grands sacrifices de temps, d'efforts et de succès. On l'apprend, comme d'autres techniques médicales, auprès de ceux qui la maîtrisent déjà. Aussi n'est-il assurément pas indifférent, pour juger du cas auquel je rattache ces remarques, que je ne connaisse pas le médecin qui est censé avoir donné de tels conseils, et que je n'aie jamais entendu son nom.

Il n'est agréable ni à moi ni à mes amis et collaborateurs de monopoliser ainsi le droit à l'exercice d'une technique médicale. Mais 125
face aux dangers que la pratique prévisible d'une psychanalyse « sauvage » entraîne pour les malades et pour la cause de la psychanalyse, il ne nous restait rien d'autre à faire. Nous avons fondé au printemps 1910[a] une Association Psychanalytique Internationale dont les membres professent lui appartenir par publication de leur nom, afin de pouvoir récuser toute responsabilité quant aux agissements de tous ceux qui ne sont pas des nôtres et qui appellent leur démarche médicale « psychanalyse ». Car, en vérité, c'est bien à la cause, plus qu'à tel ou tel malade, que nuisent ces analystes sauvages. J'ai fréquemment fait l'expérience qu'une démarche à ce point maladroite, si elle provoqua d'abord une aggravation de l'état du malade, a tout de même, enfin de compte, contribué à le guérir. Pas toujours, mais tout de même souvent. Une fois que le malade a passé suffisamment de temps à pester contre le médecin et qu'il se sait suffisamment loin de l'influence qu'il exerce, alors ses symptômes cèdent, ou bien il se résout à faire un pas sur la voie de la guérison. L'amélioration finale est alors intervenue « d'elle-même » ou bien elle est attribuée au traitement éminemment indifférent d'un médecin auquel le malade s'est adressé ultérieurement. Pour le cas de la dame dont nous avons entendu la plainte portée contre ce médecin, j'inclinerais à penser que le psychanalyste sauvage a fait tout de même davantage pour sa patiente que n'importe quelle éminente autorité, qui lui aurait raconté qu'elle souffrait d'une « névrose vasomotrice ». Il a contraint son regard à se porter sur le véritable fondement de sa souffrance ou sur ce qui est proche d'elle, et cette intervention, en dépit de toute la rébellion de la patiente, ne restera pas sans conséquences favorables. Mais il s'est nui à lui-même et a contribué à accroître les préjugés qui, par suite de résistances affectives compréhensibles, s'élèvent chez les malades contre l'activité du psychanalyste. Et cela peut être évité.

a. Lors du IIe Congrès International de Psychanalyse, à Nuremberg.

Le maniement de l'interprétation du rêve en psychanalyse*

* *OCF.P*, XI, p. 43-48 ; *GW*, VIII, p. 350-357.

DIE HANDHABUNG DER TRAUMDEUTUNG IN DER PSYCHOANALYSE

1911 [1911 *e*]

Première publication

1911 *Zbl. Psychoanal.*, *2* (3), p. 109-113.

Principales éditions allemandes

1918 *Sammlung kleiner Schriften zur Neurosenlehre, 4,* p. 378-385.
1925 *Gesammelte Schriften,* t. VI, p. 45-52.
1943 *Gesammelte Werke,* t. VIII, p. 350-357.
1975 *Studienausgabe, Ergänzungsband,* p. 151-156.

Traduction anglaise

1958 *Standard Edition,* t. XII, p. 91-96 : The Handling of Dream-Interpretation in Psycho-Analysis.

Première traduction française

1953 Le maniement de l'interprétation des rêves en psychanalyse, traduit par A. Berman, *in* S. Freud, *De la technique psychanalytique,* Paris, Presses Universitaires de France, p. 43-49.

Cet article, paru en décembre 1911, s'attache aux rêves tels qu'ils se manifestent au cours du traitement psychanalytique. Freud reviendra sur ce thème en 1922 dans les « Remarques sur la théorie et la pratique de l'interprétation du rêve » (*OCF.P,* XVI).

LE MANIEMENT DE L'INTERPRÉTATION DU RÊVE EN PSYCHANALYSE

Le « Zentralblatt für Psychoanalyse »[a] ne s'est pas assigné 350
l'unique tâche d'informer sur les progrès de la psychanalyse et de publier lui-même des contributions plus ou moins brèves, mais il voudrait aussi satisfaire à ces autres tâches : proposer à celui qui apprend, dans une version claire, ce qui est déjà connu et, par des indications appropriées, épargner à celui qui débute dans le traitement analytique une dépense de temps et de peine. C'est pourquoi désormais paraîtront aussi dans cette revue des articles de nature didactique et au contenu technique, pour lesquels il n'est pas essentiel qu'ils communiquent ou non quelque chose de nouveau.

La question que je pense traiter aujourd'hui n'est pas celle de la technique de l'interprétation du rêve. Il ne sera pas discuté de la manière dont on doit interpréter les rêves et exploiter leur interprétation, mais seulement de l'usage que l'on doit faire de l'art de l'interprétation du rêve dans le traitement psychanalytique des malades. On peut certes procéder ici de diverses façons, mais la réponse aux questions techniques ne va jamais de soi en psychanalyse. S'il y a peut-être plus qu'une seule bonne voie, il y en a pourtant beaucoup de mauvaises, et une comparaison des diverses tech- 351
niques ne peut qu'avoir un effet éclairant, même si elle ne devait pas conduire à décider en faveur d'une méthode déterminée.

Celui qui passe de l'interprétation du rêve au traitement analytique maintiendra son intérêt pour le contenu des rêves et voudra donc amener chaque rêve que lui raconte le malade à l'interprétation la plus complète possible. Mais il pourra bientôt noter qu'il se trouve maintenant soumis à des conditions d'une tout autre sorte et qu'il entre en collision avec les tâches immédiates de la thérapie s'il veut exécuter son dessein. Si le premier rêve du patient s'est par exemple

a. Périodique dont le premier numéro parut en septembre 1910 et qui fut remplacé en 1913 par l'*Internationale Zeitschrift für ärztliche Psychoanalyse*.

avéré éminemment utilisable pour y rattacher les premiers éclaircissements à adresser au malade, des rêves viennent aussitôt, qui sont si longs et si obscurs que leur interprétation ne peut être menée à terme dans les limites de la séance de travail d'un jour donné. Si le médecin poursuit ce travail d'interprétation les jours suivants, il lui est relaté entre-temps de nouveaux rêves qui doivent être mis de côté jusqu'à ce qu'il puisse tenir le premier rêve pour liquidé. À l'occasion, la production de rêves est si abondante et en revanche le progrès du malade dans la compréhension des rêves si hésitant que l'analyste ne peut se défendre de l'idée que cette manière de livrer le matériel n'est qu'une manifestation de la résistance, celle-ci se servant de l'expérience selon laquelle la cure ne peut maîtriser le matériau qui lui est ainsi offert. Mais entre-temps la cure est restée largement à la traîne du présent et a perdu le contact avec l'actualité. À une telle technique on doit opposer cette règle qu'il est de la plus grande significativité pour le traitement de connaître à chacun des moments la surface psychique du malade, d'être à même de savoir quels complexes et quelles résistances se trouvent mobilisés chez lui dans le même temps, et quelle réaction consciente à ceux-ci guidera son comportement. Ce but thé-
352 rapeutique, il n'est presque jamais permis de le laisser en arrière en faveur de l'intérêt porté à l'interprétation du rêve.

Comment donc doit-on en user dans l'analyse avec l'interprétation du rêve, si l'on veut bien garder cette règle à l'esprit ? À peu près ainsi : qu'on se contente chaque fois du résultat en fait d'interprétation qu'on peut obtenir en une séance, et qu'on ne tienne pas pour une perte de n'avoir pas acquis une connaissance complète du contenu du rêve. Que le jour suivant l'on poursuive le travail d'interprétation non comme allant de soi, mais seulement après avoir noté que dans l'intervalle rien d'autre chez le malade ne s'est poussé au premier plan. Qu'à la règle de prendre toujours ce qui vient en premier à l'esprit du malade on ne fasse donc aucune exception en faveur d'une interprétation de rêve qui a été interrompue. Si de nouveaux rêves sont venus avant qu'on ait mené à terme les précédents, que l'on se tourne vers ces productions plus récentes et qu'on ne se fasse aucun reproche pour avoir négligé les plus anciennes. Si les rêves sont devenus par trop volumineux et prolixes, que par-devers soi l'on renonce d'emblée à une solution complète. Qu'on se garde en général de faire montre d'un intérêt tout particulier pour l'interprétation des rêves, ou d'éveiller chez le malade l'idée que le travail devra s'arrêter s'il n'apporte aucun rêve. Sinon, on court le danger d'orienter la résistance sur la production de rêves et de susciter un tarissement des rêves. Il faut bien plutôt que l'analysé soit amené à la conviction que l'analyse trouve dans chaque cas un matériel permettant sa poursuite, peu importe qu'il fournisse ou non des rêves, et qu'on s'occupe d'eux dans une faible ou dans une large mesure.

On demandera dès lors : ne renonce-t-on pas à trop de précieux matériel permettant la mise à découvert de l'inconscient, si l'on ne pratique l'interprétation du rêve qu'avec de telles restrictions imposées par la méthode ? À cela on répondra ce qui suit : la perte n'est en aucune façon aussi grande qu'il apparaîtra à un examen peu appro- 353
fondi des choses. Qu'on se rende bien compte d'une part que dans des cas graves de névroses n'importe quelles productions de rêve riches en détail doivent, d'après toutes nos présuppositions, être considérées comme n'étant pas par principe complètement résolubles. Un tel rêve s'édifie souvent sur l'ensemble du matériel pathogène du cas, matériel que médecin et patient ne connaissent pas encore (ce qu'on appelle rêves-programmes, rêves biographiques) ; il est éventuellement à assimiler à une traduction de tout le contenu de la névrose dans la langue du rêve. Lors de la tentative pour interpréter un tel rêve, toutes les résistances qui sont là encore intactes entreront en action et fixeront bientôt une limite à notre connaissance. L'interprétation complète d'un tel rêve coïncide justement avec l'exécution de toute l'analyse. Si on l'a noté au début de l'analyse, on peut, vers le terme de celle-ci, après plusieurs mois, le comprendre. Le cas est le même lorsqu'il s'agit de comprendre un symptôme isolé (qui peut être le symptôme principal). C'est toute l'analyse qui sert à l'élucidation de celui-ci ; pendant le traitement il faut chercher à saisir dans l'ordre tantôt cette partie-ci, tantôt cette partie-là de la signification du symptôme, jusqu'à ce qu'on puisse réunir toutes ces parties. On ne peut donc pas non plus réclamer davantage d'un rêve survenant au début de l'analyse ; il faut se tenir pour satisfait si, à partir de la tentative d'interprétation, l'on devine d'abord telle ou telle motion de souhait pathogène.

On ne renonce donc à rien d'accessible si l'on abandonne la visée d'une interprétation du rêve complète. Mais en règle générale on ne perd rien non plus si l'on interrompt l'interprétation d'un rêve plus ancien pour se tourner vers un plus récent. À partir de beaux exemples de rêves pleinement interprétés, nous avons appris que plusieurs scènes successives d'un même rêve peuvent avoir le même contenu, qui s'impose éventuellement en elles avec une netteté croissante. De
354 la même façon nous avons vu que plusieurs rêves survenant la même nuit ne sont pas forcément autre chose que des tentatives pour présenter le même contenu en des modes d'expression divers. De façon très générale nous pouvons être assurés que toute motion de souhait qui se crée aujourd'hui un rêve fera retour dans un autre rêve, aussi longtemps qu'elle n'est pas comprise et soustraite à la domination de l'inconscient. Ainsi donc souvent la meilleure voie pour compléter l'interprétation d'un rêve sera de l'abandonner pour se consacrer au nouveau rêve, qui reprend le même matériel sous une forme peut-être plus accessible. C'est vraiment beaucoup exiger, je le sais, non seulement de l'analysé mais aussi du médecin, que d'abandonner dans le traitement les représentations-but conscientes et de s'en remettre totalement à une direction qui, malgré tout, ne cesse de nous apparaître « hasardeuse ». Mais je puis assurer qu'on est chaque fois récompensé si l'on se résout à accorder foi à ses propres affirmations théoriques, et si l'on prend sur soi de ne pas disputer à l'inconscient sa position dirigeante dans l'instauration de la cohérence.

Je plaide donc pour que l'interprétation du rêve dans le traitement analytique ne soit pas exercée comme un art se suffisant à lui-même, mais pour que son maniement soit soumis à ces règles techniques qui gouvernent l'exécution de la cure en général. Naturellement on peut aussi, à l'occasion, faire autrement et céder pour un temps à son intérêt théorique. Mais il faut alors toujours savoir ce que l'on fait. Un autre cas encore est à prendre en considération, celui qui s'est produit depuis que nous avons une plus grande confiance en notre compréhension de la symbolique du rêve et que nous nous savons plus indépendants des idées incidentes des patients. Un interprète du rêve particulièrement adroit peut éventuellement se trouver en mesure de percer à jour chaque rêve du patient, sans avoir à requérir de celui-ci une élaboration du rêve pénible et dévoreuse de temps.

Pour un tel analyste disparaissent ainsi tous les conflits entre les exigences de l'interprétation du rêve et celles de la thérapie. Il se sentira aussi tenté d'exploiter chaque fois pleinement l'interprétation du rêve et de communiquer au patient tout ce qu'il a deviné à partir de ses rêves. Mais, ce faisant, il s'est engagé dans une méthode de traitement qui n'est pas sans s'écarter considérablement de la méthode régulière, comme je le montrerai dans un autre contexte[a]. À celui qui débute dans le traitement psychanalytique il est en tout cas à déconseiller d'adopter pour modèle ce cas hors de l'ordinaire. 355

Vis-à-vis des tout premiers rêves qu'un patient communique dans le traitement analytique, aussi longtemps qu'il n'a lui-même encore rien appris de la technique de la traduction du rêve, chaque analyste se comporte comme cet interprète du rêve en position de supériorité dont nous avons fait l'hypothèse. Ces rêves initiaux sont pour ainsi dire naïfs, ils trahissent bien des choses à l'auditeur, tout comme les rêves des hommes dits en bonne santé. La question apparaît dès lors de savoir si le médecin doit donc traduire aussitôt au malade tout ce qu'il a lui-même retiré de la lecture du rêve. Mais cette question n'a pas à recevoir ici de réponse, car elle est à l'évidence subordonnée à cette question plus englobante : à quelles phases du traitement et à quel rythme le malade doit-il être introduit par le médecin à la connaissance de ce qui lui est animiquement voilé ? Ensuite, plus le patient a appris de la pratique de l'interprétation du rêve, plus ses rêves ultérieurs deviennent en règle générale obscurs. Tout savoir acquis sur le rêve sert aussi de mise en garde pour la formation du rêve.

Dans les travaux « scientifiques » sur le rêve qui, tout en récusant l'interprétation du rêve, ont reçu une nouvelle impulsion du fait de la psychanalyse, on ne cesse de trouver qu'un soin vraiment superflu est apporté à la conservation fidèle du texte du rêve, qu'il faut prétendument préserver des déformations et des usures des premières heures 356
du jour. De nombreux psychanalystes aussi ne semblent pas se servir de façon suffisamment conséquente de leur connaissance des conditions de la formation du rêve, lorsqu'ils donnent à celui qui est en

a. Peut-être un passage de « Zur Einleitung der Behandlung » (Sur l'engagement du traitement), *GW*, VIII, p. 473-475 ; *OCF.P*, XII, p. 179-181. Cf. *infra*, p. 124-126.

traitement la consigne de fixer par écrit chaque rêve immédiatement après le réveil. Cette mesure est superflue dans la thérapie ; d'ailleurs les malades se servent volontiers de cette prescription pour se perturber pendant le sommeil et déployer un grand zèle là où il ne peut être d'aucune utilité. En effet, si de cette manière on a péniblement sauvé un texte de rêve, qui sans cela aurait été consumé par l'oubli, on peut pourtant se persuader facilement que par là rien n'a été obtenu pour le malade. En relation au texte les idées incidentes ne viennent pas, et l'effet est le même que si le rêve n'avait pas été conservé. Assurément, le médecin a appris dans un cas quelque chose qui lui aurait échappé dans l'autre. Mais il ne revient pas au même que ce soit le médecin ou le patient qui sache quelque chose ; la significativité de cette différence pour la technique de la psychanalyse sera prise en compte par nous une autre fois[a].

Pour finir, je vais mentionner encore un type particulier de rêves qui, d'après les conditions qui sont les leurs, ne peuvent survenir que dans une cure psychanalytique et qui sont susceptibles de déconcerter ou d'induire en erreur le débutant. Ce sont là ce qu'on appelle les rêves qui boitent à la traîne ou rêves de confirmation[b], qui sont aisément accessibles à l'interprétation et qui en fait de traduction ne donnent rien d'autre que ce que la cure avait dans les derniers jours inféré du matériel des idées incidentes du jour. Tout se passe comme si le patient avait eu l'amabilité d'apporter sous forme de rêve précisément ce qu'on lui avait immédiatement avant « suggéré ». L'analyste plus exercé a assurément des difficultés à tenir son patient pour capable de telles amabilités ; il saisit au passage de tels rêves comme des confirmations souhaitées, et constate qu'ils ne sont observés que
357 dans des conditions déterminées d'influencement par la cure. Les rêves de loin les plus nombreux courent bel et bien en avant de la cure, de sorte qu'il s'en dégage, déduction faite de tout ce qui est déjà connu et compréhensible, une indication plus ou moins nette en direction de quelque chose qui était jusque-là caché.

a. Cf. « Zur Einleitung der Behandlung », *GW*, VIII, p. 473-475.

b. Cf. « Bemerkungen zur Theorie und Praxis der Traumdeutung » (Remarques sur la théorie et la pratique de l'interprétation du rêve), *GW*, XIII, p. 307 ; *OCF.P*, XVI, p. 173-174.

Sur la dynamique du transfert*

* *OCF.P*, XI, p. 107-116 ; *GW*, VIII, p. 364-374.

ZUR DYNAMIK DER ÜBERTRAGUNG
1912 [1912 *b*]

Première publication

1912 *Zbl. Psychoanal.*, *2* (4), p. 167-173.

Principales éditions allemandes

1918 *Sammlung kleiner Schriften zur Neurosenlehre, 4,* p. 388-398.
1925 *Gesammelte Schriften,* t. VI, p. 53-63.
1943 *Gesammelte Werke,* t. VIII, p. 364-374.
1975 *Studienausgabe, Ergänzungsband,* p. 159-168.

Traduction anglaise

1958 *Standard Edition,* t. XII, p. 99-108 : The Dynamics of Transference.

Première traduction française

1952 La dynamique du transfert, traduit par A. Berman, *Rev. franç. Psychanal.*, *16* (1-2), p. 170-177.
1953 Même traduction, *in* S. Freud, *De la technique psychanalytique,* Paris, Presses Universitaires de France, p. 50-60.

Publié en janvier 1912, cet article, habituellement rangé au nombre des écrits sur la technique analytique, s'apparente davantage à un examen théorique du phénomène du transfert, le terme « dynamique » désignant plutôt chez Freud l'état des forces que leur jeu et leur évolution. Freud avait déjà abordé cette question en 1905 dans la Postface au « Fragment d'une analyse d'hystérie » (*OCF.P,* VI). Il l'a ensuite développée dans les XXVIIe et XXVIIIe *Leçons d'introduction à la psychanalyse* (*OCF.P,* XIV), et l'a traitée à nouveau en 1937 dans « Analyse finie et infinie » (*OCF.P,* XX).

SUR LA DYNAMIQUE DU TRANSFERT

Le thème, difficilement épuisable, du « transfert » a récemment 364
été traité d'une façon descriptive par W. Stekel dans ce journal[1]. Je voudrais maintenant ajouter ici quelques remarques susceptibles de faire comprendre comment le transfert se produit nécessairement pendant une cure psychanalytique, et comment il parvient à jouer le rôle qu'on lui connaît pendant le traitement.

Rendons-nous bien compte que tout être humain, du fait de l'action conjuguée d'une prédisposition congénitale et d'actions exercées sur lui pendant ses années d'enfance, a acquis une spécificité déterminée dans sa manière de pratiquer sa vie amoureuse, donc dans les conditions d'amour qu'il pose, dans les pulsions qu'il satisfait ainsi, et dans les buts qu'il se fixe[2]. Cela produit pour ainsi

1. Zentralblatt für Psychoanalyse, IIe année, n° II, p. 26. [En réalité, p. 27-30 : « Die verschiedenen Formen der "Übertragung" » (Les diverses formes du « transfert »).]

2. Gardons-nous sur ce point contre le reproche, basé sur un malentendu, selon lequel nous aurions dénié la significativité des facteurs innés (constitutionnels), parce que nous avons fait ressortir les impressions infantiles. Un tel reproche est issu de l'étroitesse du besoin de causalité des hommes, besoin qui, en opposition avec la configuration habituelle de la réalité, veut se contenter d'un unique facteur causal. La psychanalyse s'est exprimée beaucoup sur les facteurs accidentels de l'étiologie, peu sur les facteurs constitutionnels, mais seulement parce qu'au sujet des premiers elle pouvait apporter quelque chose de nouveau, et qu'en revanche sur les derniers elle n'en savait tout simplement pas plus que ce qu'on sait d'ordinaire. Nous nous refusons à décréter une opposition de principe entre les séries de facteurs étiologiques ; nous faisons plutôt l'hypothèse d'une action conjuguée régulière des deux séries pour la production de l'effet observé. Δαίμων και Τύχη[a] déterminent le destin d'un être humain – rarement, peut-être jamais, une de ces puissances ne le fait à elle seule. Le partage de l'efficience étiologique entre les deux ne pourra être effectué qu'individuellement et dans le détail. La série dans laquelle les grandeurs changeantes des deux facteurs se combinent aura certainement aussi ses cas extrêmes. En fonction de l'état de nos connaissances, nous apprécierons différemment la part de la constitution ou de l'expérience de vie dans un cas individuel, et nous conserverons le droit de modifier notre jugement avec le changement de nos vues. Au surplus, on pourrait se risquer à concevoir la constitution elle-même comme le précipité des actions accidentelles exercées sur la série infiniment grande des ancêtres.

a. Démon et Hasard. Cf. la lettre de Freud à Else Voigtländer du 1er octobre 1911, où s'exprime déjà cette conception de Δαίμων et de Τύχη, ΔΑΙΜΩΝ, *Dämon* et ΤΥΧΗ, *das Zufällige* sont les titres des deux premières stances du poème de Goethe « Paroles premières. Orphisme » (1817).

365 dire un cliché (ou même plusieurs), qui est au cours de la vie régulièrement répété, à nouveau imprimé, dans la mesure où les circonstances externes et la nature des objets d'amour accessibles le permettent, cliché qui n'est certainement pas non plus totalement sans modification possible en fonction d'impressions récentes. Or, selon les acquis de notre expérience, seule une part de ces motions déterminant la vie amoureuse a parcouru la totalité du développement psychique ; cette part est tournée vers la réalité, est à la disposition de la personnalité consciente et constitue un morceau de celle-ci. Une autre partie de ces motions libidinales a été arrêtée dans le développement, elle a été tenue à l'écart de la personnalité consciente comme de la réalité, qu'elle n'ait pu se déployer que dans la fantaisie ou qu'elle soit restée entièrement dans l'inconscient, de sorte qu'elle est inconnue à la conscience de la personnalité. Celui dont le besoin d'amour n'est pas satisfait sans reste par la réalité est donc dans l'obligation de se tourner, avec des représentations d'attente libidinales, vers toute personne nouvelle qui entre en scène, et il est tout à fait vraisemblable que les deux portions de sa libido, celle qui est capable de conscience comme celle qui est inconsciente, participent à cette attitude.

Il est donc totalement normal et compréhensible que l'investissement libidinal de celui qui est partiellement non satisfait, investissement maintenu disponible en état d'attente, se tourne aussi vers la personne du médecin : conformément à notre présupposition, cet investissement va s'en tenir à des modèles, partir de l'un des clichés qui sont présents chez la personne concernée ou, comme nous pouvons le dire aussi, il va insérer le médecin dans l'une des « séries » psychiques que l'individu souffrant s'est formées jusqu'ici. Il correspond bien aux relations réelles existant avec le médecin que
366 l'imago paternelle (selon l'heureuse expression de Jung[1]) devienne déterminante pour cette insertion. Mais le transfert n'est pas lié à ce modèle, il peut aussi s'effectuer d'après l'imago maternelle ou fraternelle, etc. Les particularités du transfert sur le médecin, par

1. Symboles et transformations de la libido [Symbole und Wandlungen der Libido[a]], Jahrbuch für Psychoanalyse, [1912] III, p. 164.

a. Titre exact : Wandlungen und Symbole der Libido.

lesquelles ce transfert excède la mesure et la nature de ce qui peut se justifier froidement et rationnellement, deviennent compréhensibles si l'on considère que ce ne sont justement pas les seules représentations d'attente conscientes, mais aussi celles qui sont tenues en réserve ou inconscientes, qui ont instauré ce transfert.

À propos de cette façon d'être du transfert il n'y aurait rien de plus à dire ou à ruminer, si deux points ne restaient ici inexpliqués, qui sont d'un intérêt particulier pour le psychanalyste. Premièrement, nous ne comprenons pas que le transfert chez des personnes névrotiques en analyse prenne une tournure tellement plus intense que chez d'autres non analysées, et deuxièmement, une énigme demeure quant à savoir pourquoi dans l'analyse nous sommes confrontés au transfert comme à *la plus forte résistance* contre le traitement, alors que nous devons le reconnaître, en dehors de l'analyse, comme porteur de l'action curative, comme condition du succès favorable. Cette expérience est pourtant susceptible d'être confirmée aussi souvent qu'on veut : lorsque les libres associations d'un patient font défaillance[1], à chaque fois le blocage peut être éliminé si on assure au patient qu'il est présentement sous la domination d'une idée incidente ayant à faire avec la personne du médecin ou avec quelque chose qui a rapport à lui. Aussitôt qu'on a donné cet éclaircissement, le blocage se trouve éliminé, ou bien l'on a transformé la situation où il y a défaillance en une situation où les idées incidentes sont tues.

Ce qui semble être à première vue un gigantesque inconvénient méthodologique de la psychanalyse, c'est que le transfert, par ail- 367
leurs le levier le plus puissant du succès, se transforme ici en un moyen de la résistance, le plus fort de tous. À y regarder de plus près cependant, au moins le premier des deux problèmes est écarté. Il n'est pas exact que le transfert survienne pendant la psychanalyse de façon plus intense et plus débridée qu'en dehors de celle-ci. On observe dans les établissements où des nerveux sont traités non analytiquement les intensités les plus élevées et les formes les plus indignes d'un transfert allant jusqu'à la sujétion, ainsi qu'une colo-

1. Je veux dire : quand elles font effectivement défaut, et non pas quand, éventuellement par suite d'un banal sentiment de déplaisir, elles sont tues par lui.

ration érotique sans la moindre équivoque de celui-ci. Une observatrice aussi subtile que Gabriele Reuter[a], à une époque où il n'y avait encore guère de psychanalyse, a dépeint cela dans un livre remarquable qui donne du reste les meilleurs aperçus sur l'essence et l'apparition des névroses[1]. Ces caractères du transfert ne sont donc pas à mettre au compte de la psychanalyse, mais à attribuer à la névrose elle-même. Le second problème reste pour le moment non abordé.

C'est ce problème, la question de savoir pourquoi nous sommes confrontés dans la psychanalyse au transfert comme résistance, qu'il nous faut maintenant attaquer. Rendons-nous présente la situation psychologique du transfert : une condition préalable régulière et indispensable de toute entrée dans une maladie psychonévrotique est le processus que Jung a justement qualifié d'introversion de la libido[2, b]. C'est-à-dire : la part de libido capable de conscience, tournée vers la réalité, est diminuée, la part détournée de la réalité, inconsciente, qui peut éventuellement alimenter encore quelque peu les fantaisies de la personne mais qui appartient à l'inconscient, cette part-là est augmentée d'autant. La libido s'est engagée (totalement ou en partie) dans la régression et a revivifié les imagines[c] infantiles[3]. La cure analytique lui emboîte le pas
368 dans cette direction, elle qui se propose de se mettre en quête de la

1. De bonne famille, 1895. [*Aus guter Familie. Leidensgeschichte eines Mädchens* (De bonne famille. Récit des souffrances d'une jeune fille), Berlin, S. Fischer.]

2. Même si bien des déclarations de Jung donnent l'impression qu'il voit dans cette introversion psychique quelque chose qui est caractéristique de la dementia praecox et qui n'entrerait pas pareillement en ligne de compte dans les autres névroses.

3. Il serait commode de dire : elle a réinvesti les « complexes » infantiles. Mais cela serait inexact ; le seul énoncé qu'on puisse justifier serait : les parts inconscientes de ces complexes. – L'extraordinaire enchevêtrement du thème traité dans ce travail conduit à la tentation d'aborder un certain nombre de problèmes contigus, dont la clarification serait véritablement requise avant que l'on puisse parler en termes non ambigus des processus psychiques qu'il faut ici décrire. Ces problèmes sont : la délimitation réciproque de l'introversion et de la régression, l'insertion de la doctrine du complexe dans la théorie de la libido, les relations de l'activité de fantaisie avec le conscient et l'inconscient ainsi qu'avec la réalité, etc. Je n'ai pas à me justifier d'avoir résisté ici à ces tentations.

a. Gabriele Reuter (1859-1941), célèbre auteur de romans féministes.

b. Terme introduit par Jung en 1910, dans « Über Konflikte der kindlichen Seele » (Des conflits de l'âme enfantine), *Jb. psychoanal. psychopath. Forsch.*, *2*, p. 33-58.

c. Pluriel de imago.

libido, de la rendre à nouveau accessible à la conscience, et finalement de la mettre au service de la réalité. Quand la recherche analytique tombe sur la libido retirée dans ses cachettes, un combat ne peut qu'éclater ; toutes les forces qui ont causé la régression de la libido s'élèveront sous forme de « résistances » contre le travail, afin de conserver ce nouvel état. Si précisément l'introversion ou régression de la libido n'avait pas été justifiée par une relation déterminée au monde extérieur (au sens le plus général : par le refusement de la satisfaction), et si, même à ce moment-là, elle n'avait été appropriée, elle n'aurait absolument pas pu se produire. Les résistances ayant cette provenance ne sont pourtant pas les seules, ni même les plus fortes. La libido disponible pour la personnalité avait toujours été soumise à l'attraction des complexes inconscients (plus exactement, des parts de ces complexes ressortissant à l'inconscient) et elle était entrée dans la régression parce que l'attraction de la réalité s'était relâchée. Pour la libérer, il faut maintenant que cette attraction de l'inconscient soit surmontée, et donc que le refoulement des pulsions inconscientes et de leurs productions, établi dans l'individu depuis lors, soit supprimé. C'est là ce qui donne la part de loin la plus imposante de la résistance, qui va si souvent jusqu'à laisser persister la maladie, même lorsque l'acte de se détourner de la réalité a reperdu la justification qu'il avait eue pour un temps. L'analyse doit mener le combat contre les résistances venant des deux sources. La résistance accompagne le traitement à chaque pas ; chacune des idées incidentes, chaque acte de l'individu traité doit forcément prendre en compte la résistance, et se présente comme un
compromis issu des forces visant à la guérison et de celles, indiquées 369
ici, qui s'y opposent.

Si l'on suit maintenant un complexe pathogène depuis sa représentance dans le conscient (qu'elle soit évidente sous forme de symptôme, ou même tout à fait inapparente) jusqu'à sa racine dans l'inconscient, on arrivera bientôt dans une région où la résistance prévaut si nettement que la première idée incidente venue doit forcément la prendre en compte et apparaître comme un compromis entre ses exigences et celles du travail de recherche. Ici, comme l'expérience en témoigne, intervient alors le transfert. Quand quelque chose, quoi que ce soit, issu du matériau du complexe (le contenu du complexe) se prête à être transféré sur la personne du médecin, ce transfert s'instaure, fournissant la première idée incidente et s'annonçant par les indices d'une résistance, par exemple par un blocage. Nous inférons de cette expérience que si cette idée transférentielle a pénétré jusqu'à la conscience avant toutes les autres possibilités d'idées incidentes, c'est *parce* qu'elle satisfait aussi la résistance. Un tel processus se répète au cours d'une analyse un nombre incalculable de fois. Sans cesse, lorsqu'on s'approche d'un complexe pathogène, c'est d'abord la part du complexe apte au transfert qui se trouve poussée dans la conscience, et qui est défendue avec la plus grande opiniâtreté[1].

Une fois cette part surmontée, le surmontement des autres constituants du complexe ne fait plus guère de difficultés. Plus une cure analytique dure longtemps et plus le malade a reconnu nettement que des déformations du matériel pathogène n'offrent pas à elles seules une protection contre la mise à découvert, plus il se sert avec conséquence de cette seule sorte de déformation qui lui apporte
370 manifestement les plus grands avantages : la déformation par transfert. Tout cela prend la direction d'une situation dans laquelle finalement tous les conflits doivent être menés à leur terme dans le domaine du transfert.

Le transfert dans la cure analytique nous apparaît donc d'emblée, encore et toujours, comme l'arme la plus puissante de la résistance, et nous avons le droit d'en conclure que l'intensité et la persévérance du transfert sont un effet et une expression de la résistance. La question du mécanisme du transfert est certes entièrement réglée quand on ramène celui-ci à l'apprêtement de la libido, qui est restée sous l'empire d'imagines infantiles ; on ne réussit cependant à élucider son rôle dans la cure qu'en abordant ses relations avec la résistance.

1. Cela ne permet cependant pas d'en inférer en général que l'élément choisi pour la résistance de transfert a une significativité pathogène particulière. Lorsque dans une bataille on se dispute avec un acharnement particulier la possession de certaine petite église ou d'une ferme isolée, il n'y a pas lieu de supposer que l'église est en quoi que ce soit un sanctuaire national, ou que la maison abrite le trésor de l'armée. La valeur des objets peut être purement tactique et n'entrer peut-être en ligne de compte que dans cette seule bataille.

D'où vient que le transfert se prête de façon si privilégiée à être le moyen de la résistance ? On pourrait penser qu'ici la réponse ne serait pas difficile à donner. Il est bien clair que l'aveu de toute motion de souhait prohibée est rendu particulièrement difficile quand il doit être fait devant la personne même à qui s'adresse la motion. Cette obligation produit des situations qui dans la réalité effective apparaissent comme à peine négociables. Or c'est précisément cela que veut atteindre l'analysé, quand il fait coïncider l'objet de ses motions de sentiment avec le médecin. Une réflexion plus poussée montre toutefois que ce gain apparent ne peut fournir la solution du problème. Une relation d'attachement tendre et plein d'abandon peut bien au demeurant aider à franchir toutes les difficultés de l'aveu. On a bien coutume de dire dans des circonstances réelles analogues : devant toi je n'ai pas honte, à toi je peux tout dire. Le transfert sur le médecin pourrait donc tout aussi bien servir à faciliter l'aveu, et l'on ne comprendrait pas pourquoi il rend l'aveu difficile.

La réponse à cette question ici répétée ne viendra pas d'une réflexion supplémentaire, mais sera donnée par l'expérience que 371
l'on fait en examinant chacune des résistances de transfert dans la cure. On remarque finalement que l'on ne peut comprendre l'utilisation du transfert comme résistance aussi longtemps qu'on pense simplement « transfert ». Il faut se décider à séparer un transfert « positif » d'un transfert « négatif », le transfert de sentiments tendres de celui de sentiments hostiles, et à traiter séparément les deux sortes de transfert sur le médecin. De plus, le transfert positif se décompose encore en celui des sentiments amicaux ou tendres qui sont capables de conscience, et en celui de leurs prolongements dans l'inconscient. S'agissant de ces derniers, l'analyse met en évidence qu'ils renvoient régulièrement à des sources érotiques, si bien que nous devons en arriver à cette idée que toutes les relations de sentiment qui peuvent avoir cours dans notre vie – sympathie, amitié, confiance, etc. – sont génétiquement rattachées à la sexualité et se sont développées, par affaiblissement du but sexuel, à partir de désirs purement sexuels, quelque pures et non sensuelles qu'elles puissent se présenter à notre autoperception consciente. À l'origine, nous n'avons connu que des objets sexuels ; la psychanalyse nous

montre que les personnes de notre réalité qui sont simplement estimées ou vénérées peuvent être pour l'inconscient en nous, encore et toujours, des objets sexuels.

La solution de l'énigme est donc que le transfert sur le médecin ne se prête à la résistance dans la cure que dans la mesure où il est un transfert négatif, ou un transfert positif de motions érotiques refoulées. Quand, par le fait de le rendre conscient, nous « supprimons » le transfert, nous ne faisons que détacher de la personne du médecin ces deux composantes de l'acte de sentiment ; l'autre composante, capable de conscience et non choquante, subsiste et elle est pour la psychanalyse, tout autant que dans d'autres méthodes de traitement, le porteur du succès. Dans cette mesure nous admettons volontiers que les résultats de la psychanalyse reposaient[a] sur la suggestion ; à condition toutefois d'entendre par suggestion ce que
372 nous y trouvons avec Ferenczi[1] : l'influence exercée sur un être humain au moyen des phénomènes de transfert qui sont chez lui possibles. Nous veillons à l'autonomie finale du malade en utilisant la suggestion pour lui faire effectuer un travail psychique qui a pour conséquence nécessaire une amélioration durable de sa situation psychique.

On peut encore demander pourquoi les phénomènes de résistance du transfert ne viennent à apparaître que dans la psychanalyse, mais pas lors d'un traitement quelconque, par ex. dans les établissements de soins. Voici la réponse : ils se rencontrent là aussi, seulement il faut qu'ils soient pris en compte comme tels. Le surgissement du transfert négatif est même très fréquent dans les établissements. Le malade quitte justement l'établissement dans un état inchangé ou de rechute, dès qu'il tombe sous la domination du transfert négatif. Le transfert érotique n'a pas une action aussi inhibante dans les établissements, car là comme dans la vie il est enjolivé, au lieu d'être mis à découvert ; il se manifeste cependant tout à fait nettement comme résistance contre la guérison, certes pas en poussant le malade hors de l'établissement – au contraire il le

1. Ferenczi, Introjection et transfert [« Introjektion und Übertragung »], Jahrbuch für Psychoanalyse, vol. 1, 1909 [p. 422-457].

a. Le prétérit est dans le texte.

retient dans l'établissement –, mais bien en ceci qu'il le tient éloigné de la vie. Pour la guérison il est à vrai dire tout à fait indifférent que le malade surmonte dans l'établissement telle ou telle angoisse, telle ou telle inhibition ; ce qui importe plutôt, c'est qu'il en soit libéré aussi dans la réalité de sa vie.

Le transfert négatif mériterait une prise en compte approfondie qui ne peut lui être accordée dans le cadre de ces développements. Dans les formes curables de psychonévroses, il se trouve à côté du transfert tendre souvent dirigé simultanément sur la même personne, un état de choses pour lequel Bleuler[a] a forgé le bon terme d'ambivalence[1]. Une telle ambivalence des sentiments semble 373
normale jusqu'à un certain taux, mais un haut degré d'ambivalence des sentiments est certainement une marque particulière des personnes névrosées. Dans la névrose de contrainte, une précoce « séparation au sein des couples d'opposés » semble être caractéristique de la vie pulsionnelle et semble représenter l'une de ses conditions constitutionnelles. C'est l'ambivalence des orientations de sentiment qui nous explique le mieux la capacité des névrosés à mettre leurs transferts au service de la résistance. Là où la capacité de transfert est devenue pour l'essentiel négative, comme chez les paranoïdes[b], la possibilité d'influencement et de guérison prend fin.

Dans toutes ces discussions toutefois, nous n'avons jusqu'à présent pris en compte qu'un seul côté du phénomène de transfert ; il convient de tourner notre attention vers un autre aspect de la même chose. Celui qui s'est fait une exacte impression de la façon dont l'analysé se trouve expulsé de ses relations réelles au médecin, dès qu'il tombe sous la domination d'une résistance de transfert extensive, de la façon dont il s'octroie alors la liberté de négliger la règle fondamentale psychanalytique, selon laquelle on doit communiquer sans critique tout ce qui vous vient à l'esprit, de la façon

1. E. Bleuler, Dementia praecox ou groupe des schizophrénies [*Dementia praecox oder Gruppe der Schizophrenien*], dans le Manuel de psychiatrie de [Gustav] Aschaffenburg, [Leipzig, F. Deuticke] 1911. – Conférence sur l'ambivalence, à Berne en 1910, analysée dans le Zentralblatt f. Psa, I, p. 266. – Pour les mêmes phénomènes W. Stekel avait proposé l'appellation « bipolarité ».

a. Eugen Bleuler (1857-1939).
b. Terme souvent utilisé par Freud dans le sens de paranoïaque.

dont il oublie les résolutions avec lesquelles il était entré dans le traitement, et de la façon dont les corrélations et conclusions logiques qui lui avaient fait peu de temps auparavant la plus grande impression lui deviennent à présent indifférentes – celui-là aura besoin de s'expliquer cette impression par d'autres facteurs encore que ceux jusque-là mentionnés, et ces facteurs ne sont pas en fait à chercher bien loin ; ils résultent à nouveau de la situation psychologique dans laquelle la cure a placé l'analysé.

En cherchant à la trace la libido qui a échappé au conscient, on s'est introduit dans le domaine de l'inconscient. Les réactions que
374 l'on obtient amènent alors au jour certains des caractères des processus inconscients, tels que nous avons appris à les connaître par l'étude des rêves. Les motions inconscientes ne veulent pas être remémorées comme la cure le souhaite, mais aspirent à se reproduire, conformément à l'atemporalité et à la capacité hallucinatoire de l'inconscient. Tout comme dans le rêve, le malade attribue aux résultats de l'éveil de ses motions inconscientes existence au présent et réalité ; il veut agir ses passions, sans tenir compte de la situation réelle. Le médecin veut l'obliger à intégrer ces motions de sentiment dans le contexte du traitement et dans celui de son histoire de vie, à les soumettre à la considération de la pensée et à les reconnaître en fonction de leur valeur psychique. Ce combat entre médecin et patient, entre intellect et vie pulsionnelle, entre connaître et vouloir-agir se joue presque exclusivement sur les phénomènes de transfert. C'est sur ce terrain que doit être remportée la victoire, dont l'expression est le fait d'être guéri de la névrose de façon durable. Il est indéniable que soumettre à contrainte les phénomènes de transfert comporte pour le psychanalyste les plus grandes difficultés, mais on ne saurait oublier que ce sont justement ces phénomènes qui nous procurent l'inestimable service de rendre actuelles et manifestes chez les malades les motions d'amour cachées et oubliées, car finalement nul ne peut être abattu *in absentia* ou *in effigie*[a].

a. En son absence ou en effigie.

Conseils au médecin dans le traitement psychanalytique*

* *OCF.P*, XI, p. 145-154 ; *GW*, VIII, p. 376-387.

RATSCHLÄGE FÜR DEN ARZT BEI DER PSYCHOANALYTISCHEN BEHANDLUNG

1912 [1912 *e*]

Première publication

1912 *Zbl. Psychoanal.*, *2* (9), p. 483-489.

Principales éditions allemandes

1918 *Sammlung kleiner Schriften zur Neurosenlehre*, *4*, p. 399-411.
1925 *Gesammelte Schriften*, t. VI, p. 64-75.
1943 *Gesammelte Werke*, t. VIII, p. 376-387.
1975 *Studienausgabe*, *Ergänzungsband*, p. 171-180.

Traduction anglaise

1958 *Standard Edition*, t. XII, p. 111-120 : Recommendations to Physicians Practising Psycho-Analysis.

Première traduction française

1953 Conseils aux médecins sur le traitement analytique, traduit par A. Berman, *in* S. Freud, *De la technique psychanalytique*, Paris, Presses Universitaires de France, p. 61-71.

Cet écrit technique, vraisemblablement rédigé au début de 1912 (voir les lettres à Ferenczi du 28 janvier et du 3 mars), est publié en juin de la même année.

Il sera suivi de trois articles parus successivement en 1913 (« Sur l'engagement du traitement », *GW*, VIII ; *OCF.P*, XII), 1914 (« Remémoration, répétition et perlaboration », *GW*, X ; *OCF.P*, XII) et 1915 (« Remarques sur l'amour de transfert », *GW*, X ; *OCF.P*, XII), sous le titre général « Nouveaux conseils sur la technique de la psychanalyse », titre qui leur sera conservé dans le tome 4 du *Recueil de petits écrits sur la doctrine des névroses*, mais qui disparaîtra à partir de leur réédition de 1924.

CONSEILS AU MÉDECIN DANS LE TRAITEMENT PSYCHANALYTIQUE

Les règles techniques que je propose ici se sont dégagées des lon- 376
gues années de mon expérience propre, après que je fus amené par mes propres déboires à faire marche arrière dans la poursuite de mes propres voies. On remarquera aisément que ces règles, du moins plusieurs d'entre elles, viennent à composer une seule prescription. J'espère que leur prise en compte épargnera beaucoup de dépense inutile aux médecins dans l'activité analytique et les préservera de nombre de bévues ; mais je dois dire expressément que cette technique s'est révélée la seule appropriée à mon individualité ; je n'ose pas disconvenir qu'une personnalité médicale constituée tout autrement puisse être poussée à préférer une autre attitude envers le malade et envers la tâche à mener à bien.

a) La première tâche devant laquelle se voit placé l'analyste qui traite ainsi plus d'un malade par jour lui apparaîtra aussi comme la plus difficile. Elle consiste en effet à garder en mémoire tous les innombrables noms, dates, détails du souvenir, idées incidentes et productions morbides pendant la cure, qu'un patient avance durant des mois et des années, et à ne pas les confondre avec un
matériel similaire provenant d'autres patients analysés en même 377
temps ou auparavant. Si l'on est absolument obligé d'analyser quotidiennement six, huit malades, ou même davantage, une performance de la mémoire qui réussit une telle chose éveillera chez ceux qui sont à l'extérieur incrédulité, admiration ou même regrets[a]. Dans chaque cas on sera curieux de la technique qui permet de maîtriser une telle profusion, et l'on escomptera que celle-ci se serve de moyens auxiliaires particuliers.

Cette technique est pourtant très simple. Elle récuse tous les moyens auxiliaires, comme nous le verrons, même la prise de notes,

a. [de ne pas pouvoir en faire autant].

et consiste simplement à ne vouloir porter son attention sur rien de particulier et à accorder à tout ce qu'il nous est donné d'entendre la même « attention en égal suspens »[a], selon la dénomination que j'ai déjà employée. On s'épargne de cette façon un effort de l'attention que l'on ne pourrait d'ailleurs pas maintenir quotidiennement des heures durant, et l'on évite un danger qui est indissociable de l'attention intentionnelle. En effet, du moment où l'on tend intentionnellement son attention jusqu'à un certain degré, on commence aussi à sélectionner parmi le matériel offert ; on fixe tel morceau avec une acuité particulière et on en élimine en revanche un autre, en suivant dans cette sélection ses attentes ou ses inclinations. C'est justement ce qu'on ne doit pas faire ; si dans cette sélection on suit ses attentes, on est en danger de ne jamais trouver rien d'autre que ce que l'on sait déjà ; si l'on suit ses inclinations, on faussera à coup sûr la perception possible. On ne doit pas oublier que la plupart du temps il nous est en effet donné d'entendre des choses dont la significativité n'est reconnue qu'après coup.

La prescription, comme on le voit, est de porter son attention sur tout d'une égale façon, pendant nécessaire de ce qui est exigé de l'analysé : raconter sans critique ni sélection tout ce qui lui vient à l'idée. Le médecin se comporte-t-il autrement, il anéantit en
378 grande partie le gain qui résulte de l'observance par le patient de la « règle psychanalytique fondamentale ». La règle pour le médecin peut se formuler ainsi : tenir tous les effets ressortissant à la conscience à distance de sa capacité d'attention et s'abandonner pleinement à sa « mémoire inconsciente », ou pour l'exprimer de façon purement technique : écouter sans se soucier de savoir si l'on porte ou non attention à quelque chose.

Ce que de cette façon on atteint pour soi-même satisfait à toutes les exigences pendant le traitement. Les parties constituantes du

a. *gleichschwebende Aufmerksamkeit.* L'expression apparaît ici pour la première fois et se retrouvera en 1923 dans « "Psychoanalyse" und "Libidotheorie" » (« Psychanalyse » et « Théorie de la libido », *GW,* XIII, p. 215 ; *OCF.P,* XVI, p. 187). Dans « Analyse der Phobie eines fünfjährigen Knaben » (Analyse de la phobie d'un garçon de cinq ans, 1909, *GW,* VII, p. 259 ; *OCF.P,* IX, p. 19), à laquelle Freud renvoie probablement, on lit : « Laissons provisoirement notre jugement en suspens *(in Schwebe)* et acceptons avec une égale attention *(mit gleicher Aufmerksamkeit)* tout ce qui peut être observé. » Cf. *Traduire Freud,* Paris, PUF, 1989, p. 148-149.

matériel qui s'ordonnent déjà en un ensemble cohérent deviennent consciemment disponibles pour le médecin lui aussi ; le reste du matériel, encore sans cohérence, dans un désordre chaotique, semble tout d'abord englouti, mais émerge volontiers dans la mémoire dès que l'analysé avance un élément nouveau, avec lequel il peut se mettre en relation et par lequel il peut se poursuivre. On reçoit alors en souriant le compliment immérité que nous fait l'analysé d'avoir une « mémoire particulièrement bonne » lorsqu'on reproduit après des années un détail qui aurait vraisemblablement échappé à l'intention consciente de le fixer en mémoire.

Des erreurs dans cette façon de se souvenir ne se produisent qu'à des périodes et en des lieux où l'on est perturbé par la référence à soi-même (voir ci-dessous), restant ainsi fâcheusement en deçà de l'idéal de l'analyste. Des confusions avec le matériel d'autres patients se produisent fort rarement. Dans un différend avec l'analysé pour savoir si et comment il a dit ceci ou cela, c'est le médecin qui reste la plupart du temps dans le vrai[1].

b) Je ne puis recommander de prendre des notes trop abondantes pendant les séances avec l'analysé, d'établir des procès-verbaux, etc. 379
Mis à part l'impression défavorable que cela provoque chez bien des patients, on peut opposer à cela les mêmes points de vue que nous avons pris en compte s'agissant de l'attention qu'on porte. En écrivant ou en sténographiant, on fait forcément une sélection nuisible dans le matériau et on lie une part de sa propre activité d'esprit qui doit trouver une meilleure utilisation dans l'interprétation de ce qui a été entendu. On peut sans reproche tolérer des exceptions à cette règle pour des dates, des textes de rêve, ou tels ou tels résultats remarquables qui se laissent facilement détacher du contexte et qui se prêtent à une utilisation autonome comme exemples. Mais je n'ai pas non plus coutume de faire cela. Les exemples, je les note de mémoire, le soir, une fois le travail

1. L'analysé affirme souvent avoir déjà fait auparavant une certaine communication, alors que l'on peut lui assurer avec une tranquille supériorité qu'elle a lieu maintenant pour la première fois. Il apparaît alors que l'analysé a déjà eu auparavant l'intention de faire cette communication, mais qu'il fut empêché dans son exécution par une résistance existant encore. Le souvenir de cette intention est pour lui impossible à différencier du souvenir de son exécution.

achevé ; les textes de rêve qui m'importent, je les fais fixer par les patients après le récit du rêve.

c) La rédaction pendant la séance avec le patient pourrait se justifier par le dessein de faire du cas traité l'objet d'une publication scientifique. Certes, on ne peut guère refuser cela par principe. Mais il ne faut pourtant pas perdre de vue que dans une histoire·de·malade analytique, des procès-verbaux précis apportent moins que ce que l'on pourrait attendre d'eux. Ils appartiennent, rigoureusement parlant, à cette exactitude apparente dont la psychiatrie « moderne » nous offre plus d'un exemple frappant. Ils sont en règle générale fatigants pour le lecteur et ne parviennent pas malgré tout à remplacer pour celui-ci la présence dans l'analyse. De façon générale, nous avons fait l'expérience que le lecteur, s'il veut croire l'analyste, lui accorde aussi du crédit pour le petit peu d'élaboration auquel il a procédé sur son matériel ; mais s'il ne veut pas prendre au sérieux l'analyse et l'analyste, il fait fi également de procès-verbaux fidèles de traitement. Cela ne semble pas la voie
380 permettant de remédier au manque d'évidence qui se rencontre dans les présentations psychanalytiques.

d) Certes, c'est l'un des titres de gloire du travail analytique qu'en lui recherche et traitement coïncident, mais la technique qui sert à l'une s'oppose cependant à l'autre à partir d'un certain point. Il n'est pas bon d'élaborer scientifiquement un cas aussi longtemps que son traitement n'est pas encore achevé, d'en recomposer l'architecture, de vouloir en deviner la progression, de faire de temps en temps des relevés de la situation présente, comme l'exigerait l'intérêt scientifique. Le succès pâtit dans les cas que l'on destine *a priori* à l'exploitation scientifique et que l'on traite selon les besoins de celle-ci ; réussissent le mieux par contre ces cas où l'on procède comme sans intention, où l'on se laisse surprendre par chaque tournant et qu'on affronte constamment sans prévention et sans présupposition. Pour l'analyste, le juste comportement consistera à passer avec élan, suivant les besoins, d'une attitude psychique à l'autre, à ne pas spéculer ni ruminer aussi longtemps qu'il analyse et à ne soumettre qu'ensuite le matériel obtenu au travail de pensée synthétique, une fois l'analyse achevée. La différence faite entre les deux attitudes perdrait sa signification si nous étions déjà en possession de toutes les connaissances ou du moins des connaissances essentielles sur la psychologie de l'inconscient ou sur la structure des névroses que nous pouvons obtenir à partir du travail psychanalytique. Présentement, nous sommes encore fort éloignés de ce but et nous n'avons pas le droit de nous fermer les voies par lesquelles vérifier ce qui est à ce jour connu et trouver en outre du nouveau.

e) Je ne saurais recommander avec assez d'insistance aux collègues de prendre pour modèle pendant le traitement psychanalytique le chirurgien qui met de côté tous ses affects et même sa compassion humaine, et qui fixe un seul but aux forces de son esprit : 381
effectuer l'opération en se conformant le plus possible aux règles de l'art. Dans les circonstances présentes, une tendance d'affect est pour le psychanalyste plus dangereuse que tout : l'ambition thérapeutique de réaliser, avec ce moyen nouveau et très contesté dont il dispose, quelque chose qui puisse avoir un effet convaincant sur d'autres. Par là il ne fait pas que se mettre lui-même dans un état mental défavorable au travail, il s'expose aussi sans défense à certaines résistances du patient, dont la guérison dépend bel et bien en premier lieu du jeu de forces en lui. La justification de cette froideur de sentiment exigible de l'analyste est qu'elle crée pour les deux parties les conditions les plus avantageuses, pour le médecin la préservation souhaitable de sa propre vie d'affect, pour le malade l'aide la plus étendue qu'il soit aujourd'hui possible de lui donner. Un vieux chirurgien avait jadis pris pour devise ces paroles : *Je le pansai, Dieu le guérit*[a]. L'analyste devrait se contenter de quelque chose de semblable.

f) Il est facile de deviner dans quel but se rejoignent ces règles avancées une à une. Elles veulent toutes créer chez le médecin le pendant à la « règle fondamentale psychanalytique » établie pour l'analysé. De même que l'analysé doit communiquer tout ce qu'il attrape au vol dans son auto-observation, en refrénant toutes les objections logiques et affectives qui veulent l'inciter à faire une sélection, de même le médecin doit se mettre dans la situation d'ex-

a. En français dans le texte. La sentence est attribuée à Ambroise Paré.

ploiter aux fins de l'interprétation, de la reconnaissance de l'inconscient caché, tout ce qui lui est communiqué, sans remplacer par une censure personnelle la sélection à laquelle renonce le malade ; pour le résumer en une formule : il doit tourner vers l'inconscient émetteur du malade son propre inconscient en tant qu'organe récepteur, se régler sur l'analysé comme le récepteur du téléphone est réglé sur la platine. De même que le récepteur retransforme en ondes sonores les oscillations électriques de la ligne induites par des
382 ondes sonores, de même l'inconscient du médecin est apte à rétablir, à partir des rejetons de l'inconscient qui lui sont communiqués, cet inconscient qui a déterminé les idées incidentes du malade.

Or si le médecin doit être en mesure de se servir ainsi de son inconscient comme instrument dans l'analyse, il faut qu'il remplisse lui-même dans une large mesure une condition psychologique. Il n'a le droit de tolérer en lui-même aucune des résistances qui tiennent à l'écart de sa conscience ce qui a été reconnu par son inconscient, sinon il introduirait dans l'analyse un nouveau mode de sélection et de déformation qui serait bien plus nuisible que celui qui se produit lorsqu'il tend son attention consciente. Il ne suffit pas pour cela qu'il soit lui-même un homme approchant de la normale, on est bien plutôt en droit de poser l'exigence qu'il se soit soumis à une purification psychanalytique et qu'il ait pris connaissance de ceux de ses complexes personnels qui seraient de nature à le perturber dans sa manière d'appréhender ce qui est offert par l'analysé. On ne peut raisonnablement douter de l'effet disqualifiant de ces déficiences personnelles ; tout refoulement non résolu chez le médecin correspond, selon un mot pertinent de W. Stekel, à une « tache aveugle » dans sa perception analytique[a].

Il y a des années[b], j'ai répondu à la question de savoir comment on peut devenir analyste : par l'analyse de ses propres rêves. Cette préparation est certes suffisante pour beaucoup de personnes, mais

a. W. Stekel, *Die Sprache des Traumes* (La langue du rêve), Wiesbaden, J. F. Bergmann, 1911, p. 532.

b. Dans la troisième conférence à la Clark University de Worcester, en 1909. Cf. *Über Psychoanalyse* (De la psychanalyse), *GW,* VIII ; *OCF.P,* X, p. 30.

elle ne l'est pas pour toutes celles qui voudraient apprendre l'analyse. De plus, tous ne réussissent pas à interpréter leurs propres rêves sans aide étrangère. Je mets au compte des nombreux mérites de l'école analytique de Zurich le fait qu'elle a rendu cette condition plus rigoureuse et l'a consignée dans l'exigence que quiconque veut effectuer des analyses sur d'autres doit auparavant se soumettre lui-même à une analyse auprès de quelqu'un de compétent. Celui qui prend sa tâche au sérieux devrait choisir cette voie, qui promet plus d'un avantage ; le sacrifice consistant à s'être ouvert à
une personne étrangère sans y être contraint par la maladie est 383
amplement récompensé. Non seulement on réalisera son intention d'apprendre à connaître ce qui est caché dans sa propre personne en un temps bien plus court et avec une moindre dépense affective, mais on acquerra aussi sur soi-même des impressions et convictions que l'on recherche en vain en étudiant des livres et en écoutant des conférences. Enfin, le bénéfice tiré de la relation animique durable qui s'instaure d'habitude entre l'analysé et son introducteur ne doit pas non plus être minimisé.

Une telle analyse de quelqu'un de pratiquement sain restera, cela se conçoit, inachevée. Celui qui sait apprécier à leur éminente valeur la connaissance de soi et l'accroissement de la domination de soi obtenus grâce à l'analyse poursuivra ensuite l'exploration analytique de sa propre personne sous la forme d'une auto-analyse et se contentera volontiers de s'attendre à trouver, en soi comme en dehors de soi, toujours du nouveau. Mais celui qui, en tant qu'analyste, a dédaigné la précaution de l'analyse personnelle, non seulement est puni par l'incapacité de s'instruire au contact de ses propres malades au-delà d'une certaine mesure, mais encore est soumis à un danger plus grave qui peut devenir un danger pour d'autres. Il succombera facilement à la tentation de projeter dans la science, comme théorie de valeur générale, ce qu'en une obscure autoperception il reconnaît des particularités de sa propre personne, il jettera le discrédit sur la méthode psychanalytique et fourvoiera des gens inexpérimentés.

g) J'ajoute encore quelques autres règles où se fait la transition entre l'attitude du médecin et le traitement de l'analysé.

Il est certainement tentant pour le psychanalyste jeune et zélé d'engager beaucoup de sa propre individualité pour entraîner avec

lui le patient et l'élever avec élan au-delà des limites de son étroite personnalité. On devrait penser qu'il est tout à fait admissible, voire approprié, pour le surmontement des résistances existant chez
384 le malade, que le médecin lui permette un aperçu sur ses propres déficiences et conflits animiques, lui rendant possible par des communications confidentielles tirées de sa propre vie de se placer sur le même plan que lui. Une confiance n'en vaut-elle pas une autre, et celui qui exige l'intimité de l'autre ne doit-il pas aussi lui en témoigner autant ?

Mais voilà, dans le commerce psychanalytique, bien des choses se déroulent autrement que nous sommes en droit de l'escompter d'après les présuppositions de la psychologie de la conscience. L'expérience ne parle pas en faveur de l'excellence d'une telle technique affective. Il n'est pas non plus difficile de se rendre compte qu'avec elle on quitte le terrain psychanalytique et qu'on se rapproche des traitements par suggestion. On parvient ainsi peut-être à ce que le patient communique plus tôt et plus facilement quelque chose qui lui est connu à lui-même et qu'il aurait tenu en réserve encore un moment en raison de résistances conventionnelles. Pour la mise à découvert de l'inconscient chez le malade, cette technique ne produit rien, elle ne le rend que plus incapable encore de surmonter des résistances plus profondes, et dans les cas d'une certaine gravité elle fait régulièrement défaillance du fait de l'insatiabilité mobilisée chez le malade, qui aimerait bien alors inverser le rapport et trouve l'analyse du médecin plus intéressante que la sienne propre. De même, la résolution du transfert, une des tâches majeures de la cure, est rendue plus difficile par l'attitude intime du médecin, si bien que le bénéfice éventuel du début finit par être plus que contrebalancé. Je n'hésite donc pas à rejeter cette sorte de technique comme fautive. Le médecin doit être opaque pour l'analysé et, telle la surface d'un miroir, ne rien montrer d'autre que ce qui lui est montré. Il est bien entendu pratique de ne rien redire à ce qu'un psychothérapeute mélange un morceau d'analyse avec une portion d'influencement suggestif pour obtenir des succès visibles en un temps plus court, comme cela est par exemple nécessaire dans les établissements de soins, mais on est en droit de demander que lui-même ne soit pas dans le doute sur ce qu'il entreprend et qu'il sache que sa méthode n'est pas celle de la véritable psychanalyse.

h) Une autre tentation résulte de l'activité éducatrice qui dans le 385
traitement psychanalytique revient au médecin sans qu'il en ait particulièrement le projet. Dans la résolution des inhibitions de développement, il arrive spontanément que le médecin se trouve mis dans la position d'assigner de nouveaux buts aux tendances libérées. Il ne fait donc preuve que d'une ambition compréhensible si, de la personne qu'au prix de tant de peine il a libérée de sa névrose, il s'efforce de faire aussi quelque chose de tout premier ordre, et s'il prescrit à ses souhaits des buts élevés. Mais ici aussi le médecin devrait être maître de soi et prendre comme fil conducteur moins ses propres souhaits que l'aptitude de l'analysé. Les névrosés n'apportent pas tous beaucoup de talent à la sublimation ; on peut admettre de beaucoup d'entre eux qu'ils ne seraient nullement tombés malades s'ils avaient possédé l'art de sublimer leurs pulsions. Si on les pousse outre mesure à la sublimation et qu'on leur coupe les satisfactions pulsionnelles les plus proches et les plus commodes, on leur rend la plupart du temps la vie encore plus difficile qu'ils ne la ressentiraient autrement. En tant que médecin, il faut avant tout être tolérant envers la faiblesse du malade, il faut se contenter d'avoir reconquis, même pour quelqu'un qui n'en vaut pas entièrement la peine, une part de capacité d'activité et de jouissance. L'ambition éducatrice est aussi peu appropriée que l'ambition thérapeutique. Entre également en ligne de compte le fait que beaucoup de personnes sont justement tombées malades en essayant de sublimer leurs pulsions au-delà de la mesure permise par leur organisation et que, chez celles qui sont capables de sublimation, ce procès s'effectue habituellement de lui-même dès que leurs inhibitions sont surmontées par l'analyse. Je suis donc d'avis que la tendance à utiliser régulièrement le traitement analytique à fin de sublimation pulsionnelle est certes toujours louable, mais n'est en aucune façon recommandable dans tous les cas.

i) Dans quelles limites doit-on avoir recours à la collaboration
intellectuelle de l'analysé dans le traitement ? Il est difficile d'énon- 386
cer à ce sujet quelque chose de valable généralement. La personnalité du patient décide en premier lieu. Mais en tout cas il faut

observer ici précaution et retenue. Il n'est pas juste d'assigner des tâches à l'analysé : concentrer son souvenir, réfléchir sur une certaine époque de sa vie, etc. Il lui faut bien plutôt apprendre avant tout – ce qui n'est facile à accepter par personne – qu'aucune des énigmes de la névrose n'est résolue par une activité d'esprit de l'ordre de la réflexion, par un effort de la volonté et de l'attention, mais qu'elle l'est seulement par l'observance patiente de la règle psychanalytique qui ordonne de mettre hors jeu la critique portant sur l'inconscient et ses rejetons. On devrait insister de façon tout particulièrement inexorable sur l'observance de cette règle auprès de ces malades qui au cours du traitement ont l'art de se réfugier dans l'intellectuel, puis qui réfléchissent beaucoup et souvent très sagement sur leur état, s'épargnant ainsi de faire quelque chose pour le maîtriser. Aussi n'ai-je pas non plus volontiers recours pour mes patients à la lecture d'écrits analytiques ; je leur demande de bien vouloir apprendre sur leur personne propre et leur assure qu'ils connaîtront par là des choses beaucoup plus nombreuses, et de plus de valeur, que ce que pourrait leur dire la littérature psychanalytique tout entière. Mais je reconnais que dans les conditions d'un séjour en établissement, il peut être très avantageux de se servir de la lecture pour préparer l'analysé et instaurer un climat d'influencement.

C'est de la façon la plus pressante que je voudrais mettre en garde contre le fait de briguer l'assentiment et le soutien des parents ou des proches en leur donnant à lire un ouvrage – introductif ou plus approfondi – de notre littérature. La plupart du temps, cette démarche bien intentionnée suffit pour faire se déchaîner prématurément l'antagonisme naturel et une fois pour toutes inévitable des proches envers le traitement psychanalytique des leurs, si bien qu'on ne parvient absolument pas à commencer le traitement.

387 J'exprime l'espoir que l'expérience progressive des psychanalystes conduira bientôt à un accord sur les questions de technique pour savoir comment traiter de la manière la plus appropriée les névrosés. Quant au traitement des « proches », j'avoue ma totale perplexité et fais de toute façon peu confiance au traitement individuel de ceux-ci.

De la fausse reconnaissance (« déjà raconté ») pendant le travail psychanalytique*

* *OCF.P*, XII, p. 319-325 ; *GW*, X, p. 116-123.

ÜBER FAUSSE RECONNAISSANCE (« DÉJÀ RACONTÉ ») WÄHREND DER PSYCHOANALYTISCHEN ARBEIT

1914 [1914 *a*]

Première publication

1914 *Int. Z. Psychoanal.*, *2* (1), p. 1-5.

Principales éditions allemandes

1918 *Sammlung kleiner Schriften zur Neurosenlehre*, *4*, p. 149-156.
1925 *Gesammelte Schriften*, t. VI, p. 76-83.
1946 *Gesammelte Werke*, t. X, p. 116-123.
1975 *Studienausgabe*, *Ergänzungsband*, p. 233-238.

Traduction anglaise

1953 *Standard Edition*, t. XIII, p. 201-207 : Fausse Reconnaissance (« déjà raconté ») in Psycho-Analytic Treatment.

Première traduction française

1953 De la fausse reconnaissance (déjà raconté) au cours du traitement psychanalytique, traduit par A. Berman, *in* S. Freud, *De la technique psychanalytique*, Paris, Presses Universitaires de France, p. 72-79.

Une note de l'écrit technique de 1912, « Conseils au médecin dans le traitement psychanalytique » (*OCF.P*, XI, p. 147, n. 1), est le point de départ du présent article, paru au début de 1914.

DE LA FAUSSE RECONNAISSANCE (« DÉJÀ RACONTÉ »[a]) PENDANT LE TRAVAIL PSYCHANALYTIQUE

Il n'est pas rare pendant le travail de l'analyse que le patient accompagne la communication d'un fait remémoré par lui de cette remarque : « Mais cela je vous l'ai déjà raconté », alors que soi-même on croit être sûr de n'avoir encore jamais entendu de lui ce récit. Contredit-on le patient sur ce point, il assurera fréquemment avec énergie qu'il le sait en toute certitude, qu'il est prêt à le jurer, etc. ; or notre propre conviction que ce qu'on a entendu est nouveau se renforce dans les mêmes proportions. Il serait alors tout à fait antipsychologique de vouloir trancher une telle querelle en criant le plus fort ou en faisant assaut de protestations. Se sentir ainsi convaincu de la fidélité de sa mémoire n'a, on le sait, aucune valeur objective, et étant donné que l'un des deux doit nécessairement se tromper, celui qui a succombé à la paramnésie peut être le médecin tout aussi bien que l'analysé. On concède cela au patient, on coupe court à la querelle et on en diffère la liquidation jusqu'à une prochaine occasion. 116

Dans une minorité de cas on se souvient alors soi-même d'avoir déjà entendu la communication qui fait question, et l'on trouve en même temps le motif subjectif – qu'on est souvent allé chercher fort loin – de sa mise à l'écart temporaire. Mais dans la grande majorité des cas, c'est l'analysé qui s'est trompé et qui peut d'ailleurs être amené à le reconnaître. L'explication à donner à cet incident fréquent, c'est, semble-t-il, qu'il a déjà eu effectivement l'intention de faire cette communication, qu'il a effectivement fait une ou plusieurs fois une déclaration préliminaire, mais fut ensuite retenu par la résistance de réaliser son intention, et qu'il confond maintenant le souvenir de l'intention avec le souvenir de la réalisation de celle-ci. 117

a. Les expressions « fausse reconnaissance » et « déjà raconté » sont en français dans le titre. Les deux mots entre parenthèses ne figurent pas dans le manuscrit.

Je mets maintenant de côté tous les cas où l'état des choses peut laisser, de quelque manière que ce soit, place au doute et j'en relève certains autres qui ont un intérêt théorique particulier. Il arrive en effet chez telles ou telles personnes, et à vrai dire de façon répétée, qu'elles soutiennent dans des communications avec une particulière opiniâtreté l'affirmation d'avoir déjà raconté ceci ou cela, alors que la situation fait qu'il est absolument impossible qu'elles puissent avoir raison. Ce qu'elles prétendent avoir auparavant déjà raconté un jour et reconnaissent maintenant comme quelque chose d'ancien, ce que le médecin devrait lui aussi savoir, ce sont alors des souvenirs, de la plus haute valeur pour l'analyse, des confirmations qu'on a attendues depuis longtemps, des solutions qui mettent un terme à une partie du travail de l'analyse, auxquelles le médecin analysant aurait assurément rattaché des discussions approfondies. Face à ces circonstances le patient admet d'ailleurs bientôt que son souvenir n'a pu être pour lui qu'une illusion, bien qu'il ne puisse pas s'en expliquer le caractère de certitude.

Le phénomène que l'analysé présente dans de tels cas peut revendiquer le nom de *« fausse reconnaissance »*[a] et est tout à fait analogue aux autres cas où l'on a spontanément la sensation suivante : je me suis déjà trouvé une fois dans cette situation, j'ai déjà vécu
118 cela une fois (le *« déjà vu »*), sans qu'on puisse jamais parvenir à prouver la véracité de cette conviction en retrouvant dans la mémoire cette « fois » antérieure. On sait que ce phénomène a suscité en abondance des tentatives d'explication qui peuvent se ramener en général à deux groupes[1]. Dans l'un d'eux on accorde créance à la sensation contenue dans le phénomène et on admet que ce dont il s'agit effectivement, c'est que quelque chose est remémoré ; reste seulement à se demander quoi. Dans un groupe beaucoup plus vaste se rejoignent ces explications qui affirment au contraire qu'on est ici en présence d'une illusion du souvenir et qui ont alors pour tâche de détecter comment on a pu en venir à cette opération manquée paramnésique. Du reste, ces tentatives comprennent un ample domaine de motifs, en commençant par la conception immémoriale

1. Voir une des dernières récapitulations de la littérature sur le sujet, dans H. [Havelock] Ellis, « World of Dreams » [Le monde des rêves, London, Constable], 1911.

a. En français dans le texte, comme les expressions suivantes qu'on rencontre *infra* : *déjà vu, déjà entendu, déjà éprouvé, déjà senti, déjà raconté.*

attribuée à Pythagore, selon laquelle le phénomène du *déjà vu* contient une preuve de l'existence antérieure de l'individu, en passant ensuite par l'hypothèse, appuyée sur l'anatomie, selon laquelle une divergence temporelle dans l'activité des deux hémisphères cérébraux fournirait la raison du phénomène (Wigan[a], 1860), pour aboutir aux théories purement psychologiques de la plupart des auteurs modernes qui considèrent le *déjà vu* comme la manifestation d'une faiblesse de l'aperception dont elles rendent responsables la fatigue, l'épuisement, la distraction.

En 1904 Grasset[1] a donné une explication du *déjà vu* qui doit être comptée parmi celles « ressortissant à la croyance ». Selon lui, le phénomène renvoie au fait qu'auparavant s'est un jour produite une perception inconsciente qui n'accède à la conscience que maintenant sous l'influence d'une nouvelle et semblable impression. Plusieurs autres auteurs se sont ralliés à lui et ont fait du souvenir de quelque chose qui a été rêvé, et oublié, le fondement du phénomène. Dans les 119
deux cas il s'agirait de la vivification d'une impression inconsciente.

En 1907, dans la deuxième édition de ma « Psychopathologie de la vie quotidienne »[b], j'ai soutenu une explication tout à fait semblable de la prétendue paramnésie, sans connaître ni mentionner le travail de Grasset. Ce qui pourra servir à me disculper, c'est que la théorie à laquelle je suis parvenu fut le résultat d'une investigation psychanalytique que je pus pratiquer sur un cas de *déjà vu* chez une patiente, cas très net mais remontant à près de 28 ans[c]. Je ne vais pas répéter ici la petite analyse. Il en résultait que la situation dans laquelle survint ce *déjà vu* était effectivement propre à éveiller le souvenir d'une expérience vécue antérieure de l'analysée. Dans la famille à laquelle elle rendit visite, alors qu'elle était encore une enfant de douze ans, se

1. La sensation du « déjà vu » (Journal de psychologie norm. et pathol., I, 1904)[d].

a. Arthur Ladbroke Wigan, *A new view of insanity. The duality of the mind proved by the structure, functions, and diseases of the brain, and by the phenomena of mental derangement* (Une vue nouvelle de la folie. La dualité de l'esprit démontrée par la structure, les fonctions et les maladies du cerveau, et par les phénomènes du dérangement mental), London, Longman, Brown, Green and Longmans, 1844.

b. *Zur Psychopathologie des Alltagslebens*, *GW*, IV ; *OCF.P*, V, chap. V (D).

c. « 25 ans » dans la *Psychopathologie de la vie quotidienne*.

d. Joseph Grasset (1849-1918), « La sensation du "déjà vu". Sensation du "déjà entendu" ; du "déjà éprouvé" ; illusion de "fausse reconnaissance" », *Journal de psychologie normale et pathologique*, 1904, *1*, p. 17-27.

trouvait un frère gravement malade, voué à la mort, et son propre frère avait connu quelques mois plus tôt le même danger. Or à cet élément commun s'était rattachée dans le cas de la première expérience vécue une fantaisie incapable de conscience – le souhait de voir mourir le frère –, et c'est pourquoi l'analogie des deux cas ne pouvait pas devenir consciente. À la sensation de cette analogie se substituait le phénomène d'avoir-déjà-vécu-cela-une-fois, l'identité se déplaçant de l'élément commun sur la localité.

On sait que le nom de *« déjà vu »* s'applique à toute une série de phénomènes analogues, un *« déjà entendu »*, un *« déjà éprouvé »*, un *« déjà senti »*. Le cas que je vais rapporter, en lieu et place de nombreux cas semblables, contient un *« déjà raconté »* qu'on pourrait faire dériver d'un projet inconscient resté sans exécution.

Un patient[a] raconte au cours de ses associations : « Ayant à cette époque – j'avais quatre ans – joué dans un jardin avec un couteau et
120 m'étant alors tranché le petit doigt, – oh ! j'ai seulement cru qu'il était tranché –, mais cela, je l'ai déjà raconté. »

J'assure que je ne saurais me souvenir de rien de semblable. Il proteste avec une conviction croissante qu'il ne saurait être ici sous le coup d'une illusion. Pour finir je mets fin à la querelle de la manière indiquée au début et le prie en tout cas de répéter l'histoire. Après quoi nous verrions bien.

« Alors que j'avais cinq ans[b], je jouais dans le jardin à côté de ma bonne d'enfants et avec mon couteau de poche je tailladais dans l'écorce d'un de ces noyers qui jouent aussi un rôle[1] dans mon rêve[2]. Soudain, je remarquai avec un indicible effroi que je m'étais tranché le petit doigt de la main (droite ou gauche ?), si bien qu'il ne pendait plus que par la peau. Je ne ressentis pas de la douleur, mais une grande angoisse. Je n'osai rien dire à la bonne d'enfants, qui était à quelques pas de là, m'effondrai sur le banc le plus proche et y restai assis, incapable de jeter

1. Correction apportée lors d'un récit ultérieur : « Je crois que je n'entaillais pas l'arbre. C'est là une fusion avec un autre souvenir qui ne peut qu'avoir été lui aussi faussé hallucinatoirement, selon lequel je faisais une entaille dans l'arbre avec mon couteau et du sang sortait alors de l'arbre. »

2. Cf. « Matériaux de contes dans les rêves ».

a. L'« Homme aux loups ».

b. Ce paragraphe, ainsi que les notes 1 et 2, sont reproduits littéralement dans « À partir de l'histoire d'une névrose infantile », *GW*, XII, p. 117-118 ; *OCF.P*, XIII, p. 83.

encore un regard sur le doigt. Enfin je recouvrai le calme, fixai les yeux sur mon doigt, et voilà qu'il était tout à fait indemne. »

Nous tombâmes bientôt d'accord qu'il ne pouvait tout de même pas m'avoir raconté cette vision ou hallucination. Il comprit fort bien que je n'aurais pas laissé inexploitée une telle preuve de l'existence de l'angoisse de castration dans sa cinquième année. Sa résistance à l'hypothèse du complexe de castration était par là brisée, mais il souleva cette question : « Pourquoi ai-je cru si sûrement que j'avais déjà raconté ce souvenir ? »

Il nous vint alors à l'esprit, à tous les deux, que de façon répétée, en diverses occasions, mais sans jamais en tirer profit, il avait rapporté le petit souvenir suivant :

« Le jour où mon oncle partit en voyage, il nous demanda, à moi 121
et à ma sœur, ce qu'il devait nous ramener. Ma sœur souhaita pour elle un livre, moi un couteau de poche. » Nous comprîmes alors que cette idée incidente ayant émergé des mois auparavant était un souvenir-couverture pour le souvenir refoulé et était l'amorce du récit – manquant du fait de la résistance – concernant la perte présumée du petit doigt (à l'évidence un équivalent du pénis). Le couteau, que l'oncle avait effectivement ramené, était, d'après son souvenir assuré, le même que celui qui apparaissait dans la communication longtemps réprimée.

Je crois qu'il est superflu d'ajouter quoi que ce soit à l'interprétation de cette petite expérience dans la mesure où elle éclaire le phénomène de « fausse reconnaissance ». Relativement au contenu de la vision du patient, je remarquerai que de telles illusions hallucinatoires ne sont pas isolées, précisément dans l'agencement du complexe de castration, et qu'elles peuvent tout aussi bien servir à corriger des perceptions non souhaitées.

En 1911, un universitaire de faculté d'une ville allemande, que je ne connais pas et dont j'ignore l'âge, mit à ma disposition la communication suivante provenant de son enfance :

« À la lecture de votre "Souvenir d'enfance de Léonard"[a], les développements des pages 29 à 31[b] ont suscité en moi une contradic-

a. *Eine Kindheitserinnerung des Leonardo da Vinci*, *GW*, VIII ; *OCF.P*, X.

b. Les pages indiquées renvoient à la première édition du texte de Freud ; elles correspondent à *GW*, VIII, p. 164-166, et *OCF.P*, X, p. 120-122.

tion. Votre remarque sur le fait que l'enfant masculin est dominé par l'intérêt qu'il porte à son propre organe génital éveilla en moi une contre-remarque du genre : "Si cela est une loi universelle, alors, moi, en tout cas, je suis une exception !" Quant aux lignes suivantes (de la page 31 au haut de la page 32), je les ai lues avec le plus grand étonnement, cet étonnement dont on est saisi en prenant connaissance d'un fait d'un genre tout à fait nouveau. Au beau milieu de mon étonnement me revient un souvenir qui, à ma grande surprise, m'enseigne que ce fait pourrait bien ne pas être du tout nouveau pour moi. En effet, à l'époque où je me trouvais en pleine "recherche sexuelle infantile", j'avais eu, par un heureux hasard, l'occasion d'observer sur une petite fille du même âge que moi un organe génital féminin et remarqué alors très clairement un pénis de la même sorte que le mien. Mais, peu après, la vue de statues et de peintures de nus féminins m'a plongé dans une nouvelle confusion et, pour sortir de cette scission "scientifique", j'inventai l'expérience suivante : en pressant mes deux cuisses l'une contre l'autre, je fis disparaître entre elles mon organe génital et constatai avec satisfaction que par là même toute différence avec le nu féminin était éliminée. Manifestement, pensai-je de par moi, l'organe génital dans le nu féminin avait disparu de la même manière.

« Voici maintenant que me revient un autre souvenir qui de tout temps fut pour moi de la plus grande importance, étant l'un des trois souvenirs dont est constitué le souvenir global que j'ai de ma mère, morte de bonne heure. Ma mère est debout devant la table de toilette et nettoie les verres et la cuvette pendant que, dans la même pièce, je joue et fais quelque bêtise. En punition, je reçois une bonne tape sur la main, je vois alors à ma grande épouvante que mon petit doigt tombe, et qu'il tombe justement dans le baquet à eau. Sachant que ma mère est en colère, je n'ose rien dire et je vois, dans une épouvante encore accrue, que peu après le baquet est emporté par la servante. Je fus longtemps persuadé que j'avais perdu un doigt, jusqu'au moment, je suppose, où j'appris à compter.

« Ce souvenir qui – comme déjà mentionné – fut toujours pour moi, de par sa relation à ma mère, de la plus grande importance, j'ai souvent tenté de l'interpréter : or aucune de ces interprétations ne m'a satisfait. C'est seulement maintenant – après la lecture de votre écrit – que je pressens une solution simple et satisfaisante de l'énigme. »

Il n'est pas rare qu'une autre sorte de *fausse reconnaissance* survienne lors de l'achèvement d'un traitement, à la satisfaction du thérapeute. Après qu'on a réussi à imposer l'acceptation de l'événement refoulé, qu'il soit de nature réelle ou psychique, en dépit de toutes les résistances, et pour ainsi dire à le réhabiliter, le patient dit : Maintenant j'ai la sensation de l'avoir toujours su. Par là, la tâche analytique est résolue.

Sur l'engagement du traitement* **

* *OCF.P*, XII, p. 163-184 ; *GW*, VIII, p. 454-478.
** Première partie des « Nouveaux conseils sur la technique de la psychanalyse » (Weitere Ratschläge zur Technik der Psychoanalyse I, II, III).

ZUR EINLEITUNG DER BEHANDLUNG
1913 [1913 *c*]

Première publication

1913 *Int. Z. Psychoanal.*, *1* (1), p. 1-10 et (2), p. 139-146.

Principales éditions allemandes

1918 *Sammlung kleiner Schriften zur Neurosenlehre*, *4*, p. 412-440.
1925 *Gesammelte Schriften*, t. VI, p. 84-108.
1943 *Gesammelte Werke*, t. VIII, p. 454-478.
1975 *Studienausgabe*, *Ergänzungsband*, p. 183-203.

Traduction anglaise

1958 *Standard Edition*, t. XII, p. 123-144 : On Beginning the Treatment (Further Recommendations on the Technique of Psycho-Analysis I).

Première traduction française

1953 Le début du traitement, traduit par A. Berman, *in* S. Freud, *De la technique psychanalytique*, Paris, Presses Universitaires de France, p. 80-104.

Cet article fut publié en deux parties en janvier et mars 1913, dans les deux numéros qui ouvrirent l'*Internationale Zeitschrift für ärztliche Psychoanalyse*. La première portait le titre « Nouveaux conseils sur la technique de la psychanalyse : I. Sur l'engagement du traitement » ; la seconde conservait le même titre, suivi de « – La question des premières communications. – La dynamique de la guérison. » La mention « Nouveaux conseils sur la technique de la psychanalyse : I » fut maintenue dans l'édition de 1918, mais disparut des éditions ultérieures.

Une note annexée au titre dans la première édition précisait que cet article était la continuation d'une série de trois autres, parus en 1911 et 1912 : « Le maniement de l'interprétation du rêve en psychanalyse », « Sur la dynamique du transfert » et « Conseils au médecin dans le traitement psychanalytique » (cf. *OCF.P*, XI, p. 43-48, 107-116 et 145-154).

Le texte devait initialement se subdiviser en trois parties, comme l'indique l'édition de 1913. Ce qui subsiste du plan original se répartirait ainsi dans la présente version : « Sur l'engagement du traitement » (p. 163-180) « La question des premières communications » (p. 180-182), « La dynamique de la guérison » (p. 182-184).

SUR L'ENGAGEMENT DU TRAITEMENT

Celui qui veut apprendre dans les livres le noble jeu des échecs 454
ne tardera pas à faire l'expérience que seuls les ouvertures et les coups de conclusion permettent une présentation systématique exhaustive, alors que la variété incommensurable des coups qui commencent après l'ouverture se refuse à une telle présentation. Seule l'étude assidue des parties dans lesquelles des maîtres se sont affrontés peut combler cette lacune dans l'enseignement. C'est à de semblables restrictions que sont évidemment soumises les règles que l'on peut donner pour l'exercice du traitement psychanalytique.

Je vais dans ce qui suit tenter de regrouper, à l'usage de l'analyste praticien, quelques-unes de ces règles pour l'engagement de la cure. Il y a parmi elles des dispositions qui peuvent paraître tatillonnes et qui d'ailleurs le sont assurément. Mentionnons à leur décharge que ce sont justement des règles de jeu qui tirent nécessairement leur signification de l'ensemble du plan de jeu. Mais je fais bien de donner ces règles à titre de « conseils » et de ne revendiquer pour elles aucun caractère d'obligation inconditionnelle. L'extraordinaire diversité des constellations psychiques qui entrent en ligne de compte, la plasticité de tous les processus animiques et la richesse
en facteurs déterminants s'opposent également à une mécanisation 455
de la technique et permettent qu'une démarche d'ordinaire justifiée reste à l'occasion sans effet, tandis qu'une autre habituellement fautive conduit telle ou telle fois au but. Tout cela n'empêche cependant pas d'établir pour le médecin un comportement approprié dans la moyenne des cas.

Les indications les plus importantes pour le choix des malades, je les ai déjà données ailleurs[1] il y a longtemps. C'est pourquoi je ne les répète pas ici ; elles ont entre-temps rencontré l'assentiment d'autres psychanalystes. Mais j'ajoute que j'ai pris l'habitude depuis lors de n'accepter d'abord que provisoirement et pour une durée de une à

1. De la psychothérapie [« Über Psychotherapie », *GW*, V ; *OCF.P*, VI], 1905.

deux semaines les malades dont je sais peu de chose. Si l'on interrompt dans ce laps de temps, on épargne au malade l'impression pénible d'une tentative de guérison qui a échoué. On a tout simplement entrepris un sondage pour apprendre à connaître le cas et pour décider s'il est approprié à la psychanalyse. On ne dispose pas d'une autre sorte de mise à l'épreuve qu'une telle tentative ; des entretiens et interrogatoires pendant la consultation, fussent-ils poursuivis pendant longtemps, n'offriraient aucun substitut. Cette tentative préliminaire est déjà le commencement de la psychanalyse et elle doit en suivre les règles. On peut pour ainsi dire la mettre à part, du fait qu'on laisse principalement parler le patient et qu'on ne lui communique pas plus d'éclaircissements qu'il n'est strictement indispensable pour la poursuite de son récit.

L'engagement du traitement par cette période probatoire fixée à quelques semaines a aussi par ailleurs une motivation diagnostique. Assez souvent, quand on se trouve en présence d'une névrose avec symptômes hystériques ou symptômes de contrainte, non excessivement marquée et existant depuis peu, donc précisément en présence de ces formes que l'on considérerait volontiers comme favorables au traitement, on doit laisser la place au doute et se demander si le cas ne correspond pas à un stade préliminaire de ce que l'on appelle
456 dementia praecox (schizophrénie selon Bleuler[a], paraphrénie selon ma proposition[b]) et s'il ne va pas offrir, après un temps plus ou moins long, un tableau prononcé de cette affection. Je sais qu'il y a des psychiatres qui hésitent plus rarement dans leur diagnostic différentiel, mais je me suis convaincu qu'ils sont tout aussi fréquemment dans l'erreur. Seulement l'erreur est plus fatale pour le psychanalyste que pour celui qu'on appelle psychiatre clinicien. Car ce qu'entreprend ce dernier, dans un cas comme dans l'autre, ne porte guère de fruits ; il court seulement le risque d'une erreur théorique, et son diagnostic n'a qu'un intérêt universitaire. Mais dans un cas défavorable le psychanalyste a fait au plan pratique une intervention malencontreuse, il a été responsable d'une dépense vaine et a discrédité son procédé curatif. Il ne peut tenir sa promesse de guérison si

a. Eugen Bleuler (1857-1939), *Dementia praecox oder Gruppe der Schizophrenien* (Dementia praecox ou groupe des schizophrénies), Leipzig und Wien, F. Deuticke, 1911.

b. Cf. « Pour introduire le narcissisme », *GW*, X, p. 148 sq. ; *OCF.P*, XII, p. 225 sq.

le malade souffre non pas d'hystérie ou de névrose de contrainte, mais de paraphrénie, et c'est pourquoi il a des motifs particulièrement sérieux d'éviter l'erreur de diagnostic. Dans un traitement probatoire de quelques semaines, il percevra souvent de quoi éveiller ses soupçons, ce qui peut le déterminer à ne pas continuer à poursuivre la tentative. Je ne peux malheureusement pas affirmer qu'une telle tentative rende possible en règle générale une décision assurée. Ce n'est là qu'une bonne précaution de plus[1].

De longs entretiens préliminaires avant le commencement du traitement analytique, une thérapie d'un autre type menée auparavant, ainsi que des liens de connaissance antérieurs entre le médecin et celui qu'il s'agit d'analyser, ont des conséquences défavorables bien déterminées auxquelles on doit être préparé. Tout cela aboutit en effet à ce que le patient aborde le médecin dans une position de transfert toute prête et que le médecin ne peut mettre à découvert 457
que lentement, au lieu d'avoir l'occasion d'observer dès le début la croissance et le devenir du transfert. Le patient a ainsi pendant un certain temps une longueur d'avance, ce qu'on ne lui accorde dans la cure qu'à contrecœur.

On sera méfiant envers tous ceux qui veulent commencer la cure après un temps d'ajournement. L'expérience montre qu'une fois expiré le délai convenu ils ne se présentent pas, même si la motivation de cet ajournement, donc la rationalisation du projet, apparaît irréprochable au non-initié.

Il se produit des difficultés particulières lorsqu'ont existé entre le médecin et le patient entrant en analyse ou leurs familles des relations amicales ou sociales. Le psychanalyste auquel il est demandé de prendre en traitement l'épouse ou l'enfant d'un ami doit se préparer à ce que l'entreprise, quelle qu'en soit l'issue, lui coûte cette amitié.

1. Il y aurait beaucoup à dire sur le thème de cette incertitude diagnostique, sur les chances de l'analyse dans les formes légères de paraphrénie et sur ce qui fonde l'analogie entre les deux affections, ce que je ne peux pas développer dans ce contexte. J'opposerais volontiers, comme le fait Jung, l'hystérie et la névrose de contrainte en tant que « névroses de transfert » aux affections paraphréniques en tant que « névroses d'introversion » si, dans cet emploi, le concept d'« introversion »[a] (de la libido) ne se trouvait pas dépouillé de son unique sens légitime.

a. Terme introduit par Jung en 1910, dans « Über Konflikte der kindlichen Seele » (Des conflits de l'âme enfantine), *Jb. psychoanal. psychopath. Forsch.*, *2*, p. 33-58.

Il doit pourtant faire ce sacrifice s'il ne peut proposer un remplaçant digne de confiance.

Les profanes comme les médecins qui continuent volontiers à confondre la psychanalyse avec un traitement suggestif ont coutume d'accorder une haute valeur aux attentes avec lesquelles le patient aborde le nouveau traitement. Ils estiment souvent que l'on n'aura pas grand mal avec tel malade, car il a une grande confiance en la psychanalyse et est pleinement convaincu de sa vérité et de son efficacité. Avec tel autre, pensent-ils, il en ira bien plus difficilement, car il se comporte avec scepticisme et ne veut rien croire avant d'en avoir vu le résultat sur sa propre personne. Mais en réalité cette attitude du malade a une significativité très faible ; sa confiance ou méfiance provisoire entre à peine en ligne de compte face aux résistances internes qui constituent l'ancrage de la névrose. La confiance bienheureuse du patient rend évidemment fort agréable le premier
458 commerce avec lui ; on lui en est reconnaissant, mais on le prépare à ce que son parti pris favorable vole en éclats à la première difficulté qui surgira dans le traitement. Au sceptique on dit que l'analyse n'a nul besoin de confiance, qu'il a le droit d'être aussi critique et aussi méfiant qu'il lui plaît et qu'on ne veut absolument pas mettre son attitude au compte de son jugement, car il n'est évidemment pas en mesure de se forger sur ce point un jugement fiable ; sa méfiance, ajoute-t-on, est justement un symptôme au même titre que ses autres symptômes et elle ne s'avérera pas gênante s'il veut bien se contenter de suivre consciencieusement ce que la règle du traitement exige de lui.

Quiconque est familiarisé avec l'essence de la névrose ne sera pas étonné d'apprendre que même celui qui est tout à fait habilité à exercer sur d'autres la psychanalyse peut se comporter comme tout autre mortel et qu'il est à même de produire les résistances les plus intenses dès qu'il est devenu lui-même objet de la psychanalyse. Une fois de plus, on est alors frappé par la dimension des profondeurs dans le psychisme et on ne trouve rien de surprenant à ce que la névrose s'enracine dans des strates psychiques jusqu'auxquelles la formation analytique n'est pas descendue.

Les dispositions concernant le temps et l'argent sont des points importants au commencement de la cure analytique.

Pour ce qui est du temps, je suis exclusivement le principe de la location d'une heure déterminée. Chaque patient se voit attribuer une certaine heure dans les disponibilités de ma journée de travail ; cette heure est la sienne, il en reste redevable, même s'il ne l'utilise pas. Cette disposition qui, dans notre bonne société, passe pour aller de soi concernant le professeur de musique ou de langue paraît peut-être bien dure pour le médecin, et même indigne de sa condition. On sera enclin à évoquer les nombreux incidents fortuits qui peu-
vent empêcher le patient de se présenter chez le médecin chaque fois 459
à l'heure dite et on exigera que soient prises en compte les multiples affections intercurrentes qui peuvent se produire au cours d'un traitement analytique relativement long. Or voici ma réponse : c'est comme cela et pas autrement. Quand la pratique est plus souple, les annulations « occasionnelles » sont si fréquentes que le médecin voit son existence matérielle mise en danger. Quand on respecte rigoureusement cette disposition, il s'avère par contre que les empêchements fortuits ne se présentent pas du tout et que les affections intercurrentes ne sont que très rares. On n'est presque jamais mis en situation de bénéficier d'un moment de loisir dont on aurait à avoir honte du fait qu'on est rémunéré ; on peut poursuivre le travail sans perturbation et on échappe à cette expérience pénible et déroutante que doive toujours survenir une suspension indue dans le travail justement quand celui-ci promettait d'être important et riche de contenu. On n'acquiert une véritable conviction de la signification de la psychogenèse dans la vie quotidienne des êtres humains, de la fréquence des « maladies de l'écolier » et de l'inanité du hasard qu'après avoir exercé la psychanalyse quelques années durant, en suivant rigoureusement le principe de la location des heures. Dans le cas d'affections indubitablement organiques, qui ne sauraient malgré tout être exclues du fait de leur intérêt psychique, j'interromps le traitement et je m'estime en droit d'attribuer autrement l'heure libérée, je reprends le patient dès qu'il est rétabli et que j'ai retrouvé une autre heure de libre.

Je travaille quotidiennement avec mes patients, à l'exception des dimanches et des jours de grande fête, donc habituellement six fois par semaine. Pour les cas légers ou pour la poursuite des traitements qui ont grandement progressé, trois séances par semaine suffisent

d'ailleurs. Sinon, les restrictions de temps ne procurent d'avantage ni au médecin ni au patient ; au début, elles sont totalement à rejeter. Même de courtes interruptions ne manquent jamais d'ébranler un
460 peu le travail ; nous avions coutume de parler en plaisantant d'une « croûte du lundi » au moment de reprendre après le repos du dimanche ; quand le travail est moins fréquent, on court le risque que l'on ne puisse pas tenir le même pas que l'expérience de vie réelle du patient, que la cure perde le contact avec le présent et qu'elle soit poussée sur des voies latérales. Il arrive aussi que l'on tombe sur des malades auxquels on doit consacrer plus de temps que la moyenne d'une heure, parce qu'ils emploient la plus grande partie de l'heure à se dégeler, à devenir tout simplement communicatifs.

Une question déplaisante pour le médecin, et que le malade lui adresse au tout début, est la suivante : Combien de temps le traitement va-t-il durer ? De combien de temps avez-vous besoin pour me délivrer de ma souffrance ? Si l'on a proposé un traitement probatoire de quelques semaines, on se soustrait à une réponse directe à cette question en promettant de pouvoir donner un avis plus fiable une fois écoulée la période probatoire. On fait en quelque sorte la même réponse que l'Ésope de la fable au voyageur qui l'interroge sur la longueur du chemin en lui enjoignant : Marche ![a], et l'on commente cette consigne en donnant pour raison que l'on doit d'abord connaître le pas du voyageur avant de pouvoir calculer la durée de son voyage. Avec cet expédient on se tire des premières difficultés, mais la comparaison n'est pas bonne, car le névrosé peut facilement modifier son rythme et ne faire à certains moments que des progrès très lents. En vérité, il n'est guère possible de répondre à la question concernant la durée prévisible du traitement.

L'absence de clairvoyance des malades et l'insincérité des médecins ont pour effet conjoint de poser à l'analyse les exigences les plus démesurées, tout en lui accordant le temps le plus bref qui soit. Je communiquerai par exemple les données suivantes tirées d'une lettre d'une dame de Russie qui m'est parvenue il y a quelques jours. Elle a 53 ans[b], souffre depuis 23 ans et n'est plus capable d'aucun travail

a. L'anecdote est introuvable dans les fables d'Ésope, mais la réplique est en revanche attribuée à Till l'Espiègle.

b. Dans les éditions antérieures à 1925 : 33 ans.

suivi depuis dix ans. Son « traitement dans plusieurs établissements de soins pour nerveux » n'a pas pu lui rendre possible une « vie active ». Elle espère être totalement guérie par la psychanalyse dont elle a eu connaissance par ses lectures, mais son traitement a déjà tellement coûté à sa famille qu'elle ne peut séjourner à Vienne plus de six semaines ou deux mois. À quoi s'ajoute la difficulté que dès le début elle ne veut « s'expliquer » que par écrit, car toucher à ses complexes provoquerait chez elle une explosion, ou bien la « rendrait temporairement muette ». – Personne ne s'attendrait d'ordinaire à ce qu'on soulève de deux doigts une lourde table comme s'il s'agissait d'un léger tabouret ou qu'on puisse bâtir une grande maison dans le même laps de temps qu'une cabane en bois, et pourtant dès qu'il s'agit des névroses, qui ne semblent pas encore de nos jours avoir trouvé leur place dans l'ensemble de la pensée humaine, même les personnes intelligentes oublient la nécessaire proportionnalité entre le temps, le travail et le résultat. C'est là par ailleurs une conséquence bien concevable de la profonde ignorance de l'étiologie des névroses. Du fait de cette ignorance, la névrose est pour ces personnes une sorte de « jeune fille venue d'ailleurs »[a]. On ne savait d'où elle venait, c'est pourquoi on s'attend à ce qu'un jour elle ait disparu. 461

Les médecins confortent cette confiance bienheureuse ; même ceux d'entre eux qui savent n'apprécient pas convenablement dans bien des cas la gravité des affections névrotiques. Un confrère de mes amis que j'estime au plus haut point pour s'être converti, après plusieurs décennies d'un travail scientifique fondé sur d'autres présupposés, à la pleine reconnaissance de la psychanalyse, m'écrivait un jour : Ce qu'il nous faut, c'est un traitement bref, commode, ambulatoire, des névroses de contrainte. Je ne pouvais répondre à sa demande, j'eus honte et je cherchai à m'excuser en faisant remarquer que même les généralistes seraient vraisemblablement très satisfaits d'une thérapie de la tuberculose ou du cancer qui réunirait ces avantages.

a. Allusion au titre du poème de Schiller, « Das Mädchen aus der Fremde » (« La fille venue d'ailleurs », 1797), dont Freud reprend partiellement les vers 6-8 : « On ne savait pas d'où elle venait / Et sa trace avait vite disparu / Sitôt qu'elle prenait congé. »

462 Pour le dire plus directement, il s'agit toujours en psychanalyse de périodes longues, demi-années ou années entières, plus longues que celles auxquelles le malade s'attend. C'est pourquoi on a l'obligation de révéler au malade cet état de choses avant qu'il ne finisse par se décider à entreprendre le traitement. Je tiens, somme toute, comme plus digne, mais également comme plus approprié, d'attirer d'emblée son attention – sans aller précisément jusqu'à l'effrayer – sur les difficultés et les sacrifices propres à la thérapie analytique et de lui ôter ainsi tout droit d'affirmer plus tard qu'on l'aurait entraîné dans ce traitement, dont il n'aurait pas connu l'ampleur et la significativité. Celui qui se laisse arrêter par de telles communications se serait de toute façon révélé plus tard impropre à l'analyse. Il est bon, avant le commencement du traitement, de procéder à une sélection de ce type ; mais à mesure que les éclaircissements font leur chemin parmi les malades, le nombre de ceux qui réussissent cette première épreuve s'accroît.

Je refuse d'obliger les patients à respecter une certaine durée où il faut persévérer dans le traitement, je permets à chacun d'interrompre la cure quand il lui plaît, sans lui cacher pourtant qu'une rupture après un travail de courte durée ne sera suivie d'aucun résultat et qu'elle peut facilement, telle une opération inachevée, le mettre dans un état insatisfaisant. Dans les premières années de mon activité psychanalytique, je rencontrais la plus grande difficulté à amener les malades à rester ; ces difficultés se sont depuis longtemps déplacées, à présent je dois m'efforcer avec angoisse de les obliger aussi à s'arrêter.

Abréger la cure analytique demeure un souhait justifié : comme nous allons le voir, on tend à son accomplissement par divers moyens. S'y oppose malheureusement un facteur très significatif : la lenteur avec laquelle s'effectuent les modifications animiques en profondeur, et en dernier lieu certainement l'« atemporalité » de nos
463 processus inconscients. Lorsque les malades sont mis devant la difficulté que constitue la grande dépense de temps requise par l'analyse, il n'est pas rare qu'ils s'entendent à proposer un certain expédient. Ils répartissent leurs maux entre ceux qu'ils décrivent comme insupportables et d'autres comme accessoires, et disent : Si seulement vous me libérez de l'un d'entre eux (par ex. du mal de tête, de telle

angoisse déterminée), je ferai bien moi-même mon affaire de l'autre dans la vie. Mais ils surestiment ainsi le pouvoir électif de l'analyse. À coup sûr, le médecin est capable de beaucoup, mais il ne peut pas déterminer avec précision ce qu'il arrivera à faire. Il engage un processus, celui de la résolution des refoulements existants, il peut le surveiller, le promouvoir, écarter du chemin les obstacles, il peut aussi à coup sûr y gâcher beaucoup de choses. Mais dans l'ensemble le processus, une fois engagé, va son propre chemin et ne se laisse prescrire ni son orientation ni la succession des points qu'il aborde. Il en va donc du pouvoir de l'analyste sur les manifestations de la maladie à peu près comme de la puissance masculine. L'homme le plus vigoureux peut certes engendrer un enfant tout entier, mais il ne peut faire naître dans l'organisme féminin seulement une tête, un bras ou une jambe ; il ne peut même pas décider du sexe de l'enfant. Il ne fait d'ailleurs là qu'engager un processus hautement embrouillé et déterminé par d'anciens événements, qui prend fin avec le détachement de l'enfant d'avec sa mère. La névrose d'un être humain possède aussi les caractères d'un organisme, ses manifestations partielles ne sont pas indépendantes les unes des autres, elles se conditionnent les unes les autres, elles ont coutume de se soutenir mutuellement ; on ne souffre jamais que d'une seule névrose, et non de plusieurs qui se seraient fortuitement rejointes dans un individu. Le malade que l'on a, conformément à son souhait, libéré de l'unique symptôme insupportable pourrait facilement faire l'expérience que désormais un symptôme jusqu'alors modéré s'accroisse jusqu'à l'insupportable. Celui qui, d'une façon générale, voudrait détacher autant que possible le résultat de ses conditions suggestives (c.-à-d. transférentielles) fera bien de renoncer également à ces traces d'une 464
influence élective sur le résultat thérapeutique, qui sont en quelque sorte le fait du médecin. Le psychanalyste ne peut que préférer ceux de ses patients qui exigent qu'il leur donne une santé pleine et entière, pour autant qu'on puisse l'avoir, et qui mettent à sa disposition tout le temps que requiert le processus de rétablissement. Naturellement, on ne peut s'attendre à des conditions aussi favorables que dans peu de cas.

Le point suivant dont on devra décider au commencement d'une cure, c'est l'argent, les honoraires du médecin. L'analyste ne conteste

pas que l'argent est à considérer en premier lieu comme un moyen d'autoconservation et d'acquisition de puissance, mais il affirme que de puissants facteurs sexuels sont impliqués dans la valeur accordée à l'argent. Il peut alors invoquer le fait que les affaires d'argent sont traitées par les hommes de la culture tout à fait de la même façon que les choses sexuelles, avec la même attitude dissociée, la même pruderie et la même hypocrisie. Il est donc résolu d'emblée à ne pas faire de même, mais à traiter devant le patient les relations d'argent avec la même franchise délibérée que celle à laquelle il veut l'éduquer en matière de vie sexuelle. En lui communiquant spontanément la valeur qu'il accorde donc à son temps, il lui prouve qu'il s'est lui-même défait d'une fausse pudeur. Un bon sens bien humain ordonne alors de ne pas laisser s'accumuler de grosses sommes, mais de recevoir paiement à intervalles réguliers relativement courts (par exemple tous les mois). (On n'augmente pas, c'est bien connu, la valeur que le patient accorde au traitement en le proposant à trop bon compte.) Ce n'est pas, comme on sait, la pratique habituelle du neurologue ou du généraliste dans notre société européenne, mais le psychanalyste peut se mettre dans la position du chirurgien qui est franc et qui coûte cher parce qu'il dispose de traitements capables d'aider. Je suis d'avis qu'il est quand même plus digne et éthiquement moins problématique d'avouer ses prétentions et besoins véritables plutôt que de jouer, comme c'est encore à présent l'usage
465 parmi les médecins, l'ami des hommes désintéressé – une situation qu'on ne peut pourtant pas se permettre – et, en contrepartie, de s'affliger en silence du manque d'égards des patients et de leur avidité à vous exploiter ou de pester à voix haute là-contre. L'analyste fera encore valoir pour ses prétentions quant au paiement qu'il ne pourra jamais, malgré un travail difficile, gagner autant que d'autres médecins spécialistes.

Pour les mêmes raisons, il sera aussi en droit de refuser de pratiquer un traitement sans honoraires et il ne fera non plus aucune exception en faveur des confrères ou de leurs proches. Cette dernière exigence semble aller à l'encontre de la confraternité médicale ; cependant, on ne perdra pas de vue qu'un traitement gratuit signifie bien plus pour le psychanalyste que pour tout autre médecin, à savoir la soustraction, pour une durée de plusieurs mois, d'une part considérable (d'un huitième, d'un septième, etc.) du temps de travail dont il dispose pour son activité rémunératrice. Un second traitement gratuit concomitant lui déroberait déjà un quart ou un tiers de sa capacité d'activité rémunératrice, ce qui équivaudrait à l'effet d'un grave accident traumatique.

On peut se demander alors si l'avantage pour le malade compense dans une certaine mesure le sacrifice du médecin. Je peux bien oser émettre un jugement à ce sujet, car pendant à peu près dix ans j'ai consacré quotidiennement une heure, parfois deux, à des traitements gratuits parce que je voulais travailler, si possible hors de toute résistance, dans le but de me repérer dans la névrose. Je ne trouvai pas là les avantages que je cherchais. Bien des résistances du névrosé sont énormément accrues par le traitement gratuit, ainsi chez la jeune femme la tentation que comporte la relation transférentielle, chez le jeune homme la rébellion issue du complexe paternel contre l'obligation de gratitude, rébellion qui fait partie des difficultés qui contrarient le plus les soins apportés par le médecin. La suppression de la régulation assurée malgré tout par le paiement au
médecin se fait sentir de façon très pénible ; l'ensemble de la situa- 466
tion glisse hors du monde réel ; un bon motif d'aspirer à la terminaison de la cure est enlevé au patient.

On peut être fort éloigné d'une condamnation ascétique de l'argent, en regrettant pourtant que la thérapie analytique soit presque inaccessible aux pauvres, pour des raisons externes aussi bien qu'internes. On n'y peut pas grand-chose. Peut-être cette affirmation largement répandue est-elle juste : celui qui est contraint par la nécessité de la vie à un travail harassant succombe moins facilement à la névrose. Mais on fait par ailleurs l'expérience tout à fait incontestable que le pauvre qui a produit un jour une névrose ne se la laisse que très difficilement arracher. Elle lui rend de trop bons services dans le combat pour l'auto-affirmation ; le bénéfice secondaire de la maladie qu'elle lui apporte est beaucoup trop significatif. La pitié que les hommes ont refusée à sa détresse matérielle, il la revendique à présent au titre de sa névrose et il peut même s'affranchir de l'exigence de combattre sa pauvreté par le travail. Celui qui s'attaque à la névrose d'un pauvre par les moyens de la psychothérapie fait donc en règle générale l'expérience que, dans ce cas, on exige à vrai dire de lui une thérapie actuelle d'une tout autre sorte, une thérapie comme celle que l'Empereur Joseph II avait coutume de pratiquer, selon la légende ayant cours chez nous[a]. Naturellement on rencontre quand même, à l'occasion, des êtres de valeur et se trouvant dans le désaide sans que ce soit leur faute, chez qui un traitement non rétribué ne se heurte pas aux obstacles mentionnés et obtient de beaux résultats.

Dans la classe moyenne, la dépense d'argent que nécessite la psychanalyse n'est qu'apparemment immodérée. Ne tenons pas compte du fait que santé et capacité de réalisation d'une part et dépense d'argent modérée d'autre part sont absolument sans commune mesure ; quand on additionne les dépenses incessantes pour les maisons de santé et le traitement médical et qu'on met en face d'elles l'accroissement de la capacité de réalisation et de l'activité rémuné-
467 ratrice après une cure favorablement terminée, on peut dire que les malades ont fait une bonne affaire. Il n'y a rien de plus coûteux dans la vie que la maladie et... la bêtise.

Avant de clore ces remarques sur l'engagement du traitement analytique, un mot encore sur un certain cérémonial propre à la situation dans laquelle la cure est conduite. Je tiens ferme à ce conseil de faire s'allonger le malade sur un lit de repos, alors qu'on prend place derrière lui de façon à n'être pas vu de lui. Cet aménagement a un sens historique, il est le reste du traitement hypnotique à partir duquel la psychanalyse s'est développée. Mais il mérite d'être maintenu pour de multiples raisons. D'abord pour un motif personnel, mais que d'autres peuvent bien partager avec moi. Je ne supporte pas d'être dévisagé par les autres huit heures par jour (ou plus longtemps). Comme pendant l'écoute je m'abandonne moi-même au cours de mes pensées inconscientes, je ne veux pas que mes mimiques procurent au patient matière à interprétation ou l'influencent dans ce qu'il communique. Le patient conçoit habituellement la situation à laquelle il est contraint comme une privation et

a. Allusion à l'action philanthropique de l'Empereur Joseph II d'Autriche (1741-1790). Cf. *Leçons d'introduction à la psychanalyse*, *OCF.P*, XIV, p. 448 : « Certes, il y aurait là suffisamment de prises pour une thérapie très efficace, mais il faudrait que ce soit une thérapie comme celle pratiquée, selon la légende populaire viennoise, par l'Empereur Joseph, l'intervention bienfaisante d'un puissant devant lequel les hommes se courbent et les difficultés disparaissent. »

il se rebelle contre elle, en particulier lorsque la pulsion de regarder (le voyeurisme) joue un rôle significatif dans sa névrose. Mais je persiste à faire valoir cette mesure qui a pour visée et pour résultat de prévenir le mélange imperceptible du transfert avec les idées incidentes du patient, d'isoler le transfert et de le faire ressortir au bon moment comme résistance avec des contours précis. Je sais que beaucoup d'analystes font autrement, mais je ne sais pas si ce qui participe le plus à leur divergence est la rage de faire autrement ou bien un avantage qu'ils y ont trouvé.

Lorsque les conditions de la cure sont réglées de cette façon, la question se pose de savoir sur quel point et avec quel matériel on doit commencer le traitement.

Il est totalement indifférent de savoir avec quel matériau on com-
mence le traitement, si c'est avec l'histoire de vie, l'histoire de 468
maladie ou les souvenirs d'enfance du patient. Mais en tout cas de manière à ce qu'on laisse raconter le patient et qu'on lui donne le libre choix de son point de départ. On lui dit donc : « Avant de pouvoir vous dire quelque chose, je dois en avoir appris beaucoup sur vous ; communiquez-moi, s'il vous plaît, ce que vous savez de vous. »

C'est seulement pour la règle fondamentale de la technique psychanalytique à observer par le patient que l'on fait une exception. On la lui fait connaître dès le tout début : Encore une chose avant que vous ne commenciez. Votre récit doit pourtant sur un point se différencier d'une conversation habituelle. Alors que d'ordinaire vous essayez à bon droit de maintenir dans votre présentation le fil de la cohérence et que vous écartez toutes les idées incidentes et pensées adventices perturbantes pour ne pas, comme on dit, discourir à perte de vue, vous devez ici procéder autrement. Vous observerez que pendant votre récit vous viendront diverses pensées que vous aimeriez repousser en recourant à certaines objections critiques. Vous serez tenté de vous dire : Telle ou telle chose ne relève pas ici du sujet, ou bien elle est dénuée de toute importance, ou bien elle est dénuée de sens, et on n'a donc pas besoin de la dire. Ne cédez jamais à cette critique et dites la chose malgré tout, cela précisément parce que vous éprouvez une aversion à le faire. La raison de cette prescription – à vrai dire la seule que vous deviez suivre –, c'est plus tard que vous l'apprendrez et saurez la comprendre. Dites donc tout ce qui vous passe par l'esprit. Conduisez-vous par exemple à la manière d'un voyageur, assis côté fenêtre dans un wagon de chemin de fer, qui décrit à quelqu'un d'installé à l'intérieur le paysage se modifiant sous ses yeux. Enfin, n'oubliez pas que vous avez promis une totale franchise et ne passez jamais sur quelque chose parce que, pour une raison ou une autre, la communication vous en serait désagréable[1].

469 Les patients qui calculent leur état de maladie à partir d'un moment déterminé se repèrent habituellement par rapport à la circonstance occasionnant la maladie ; d'autres, qui ne méconnaissent

1. Sur les expériences que l'on fait avec la règle fondamentale Ψα il y aurait beaucoup à dire. Il arrive qu'on rencontre des personnes qui se conduisent comme si elles s'étaient donné elles-mêmes cette règle. D'autres pèchent contre elle dès le tout début. Ce qu'elles communiquent est dans les premiers stades du traitement indispensable et même profitable ; plus tard, sous la domination des résistances, l'obéissance envers la règle est défaillante, et pour chacun viendra un jour le moment d'y passer outre. On doit se rappeler, en partant de son auto-analyse, quelle irrésistible tentation surgit de céder à ces prétextes critiques visant à écarter les idées incidentes. On peut régulièrement se convaincre de la faible efficacité des contrats que l'on conclut avec le patient en posant la règle fondamentale psychanalytique, lorsque survient pour la première fois quelque chose d'intime à communiquer concernant de tierces personnes. Le patient sait qu'il doit tout dire, mais il fait de la discrétion envers d'autres personnes un nouvel empêchement. « Dois-je vraiment tout dire ? J'ai cru que cela n'était valable que pour les choses qui me concernent moi-même. » Il est naturellement impossible de pratiquer un traitement analytique dans lequel sont exceptées de la communication les relations du patient à d'autres personnes et ses pensées à leur sujet. *Pour faire une omelette il faut casser des œufs*[a]. Un homme comme il faut s'empresse d'oublier ce qui dans de tels secrets touchant des personnes étrangères ne lui semble pas mériter d'être su. On ne peut pas renoncer non plus à la communication des noms. Sans cela, les récits du patient ont quelque chose de nébuleux – comme chez Goethe les scènes de *La Fille naturelle*[b] – qui n'arrive pas à se fixer dans la mémoire du médecin ; de plus, les noms gardés par devers soi occultent l'accès à toutes sortes de relations importantes. On pourrait permettre à l'analysé de tenir en réserve les noms jusqu'à ce qu'il se soit familiarisé avec le médecin et le procédé. Il est fort remarquable que toute la tâche devienne insoluble pour peu qu'on ait autorisé cette réserve sur un seul point. Mais imaginons qu'il existe chez nous un droit d'asile concernant par exemple un lieu unique dans la ville, combien de temps faudrait-il pour que toute la racaille de la ville converge en ce lieu unique ? J'ai eu un jour en traitement un haut fonctionnaire qui était tenu, par son serment professionnel, de soustraire à toute communication certaines choses – des secrets d'État, et j'ai échoué avec lui du fait de cette restriction. Le traitement psychanalytique doit passer outre à tous les égards, car la névrose et ses résistances n'ont d'égard pour rien.

a. En français dans le texte.

b. *Die natürliche Tochter* (1792), tragédie politique de Goethe où se manifeste une forte volonté de symbolisme et de « généralisation ». L'héroïne (Eugénie) est la seule à y porter un nom, les autres rôles n'étant désignés que par leur fonction : le Roi, le Duc, le Comte, la Gouvernante, le Secrétaire, l'Abbé, le Conseiller, l'Abbesse, le Moine.

pas eux-mêmes la corrélation entre la névrose et leur enfance, commencent souvent par la présentation de toute leur histoire de vie. On ne s'attendra en aucun cas à un récit systématique et on ne fera rien pour le favoriser. Chaque parcelle de l'histoire devra plus tard être racontée de nouveau, et c'est seulement lors de ces répétitions qu'apparaîtront les ajouts qui livrent les corrélations importantes, inconnues du malade.

Il y a des patients qui dès les premières séances se préparent soigneusement à leur récit, soi-disant pour assurer une meilleure exploitation du temps du traitement. Ce qui se drape ainsi sous les plis du 470
zèle est de la résistance. On déconseillera une telle préparation qui n'a pour but que de se protéger contre l'émergence d'idées incidentes non souhaitées[1]. Le malade a beau croire en toute franchise à sa louable intention, la résistance exigera sa part dans cette sorte de préparation intentionnelle et parviendra à ce que le matériel le plus précieux échappe à la communication. On ne tardera pas à remarquer que le patient invente encore d'autres méthodes pour soustraire au traitement ce qui est demandé. Il s'entretiendra par exemple quotidiennement de la cure avec un ami intime et logera dans cette conversation toutes les pensées qui devraient s'imposer à lui en présence du médecin. La cure comporte alors une fuite par où s'écoule précisément le meilleur. Il sera alors bientôt temps de conseiller au patient de traiter sa cure analytique comme une affaire entre son médecin et lui-même et d'exclure de la confidence toutes les autres personnes, si proches ou si curieuses soient-elles. À des stades ultérieurs du traitement le patient n'est pas, en règle générale, soumis à de telles tentations.

Les malades qui veulent tenir secret leur traitement, souvent parce qu'ils ont également tenu secrète leur névrose, je ne leur fais pas de difficultés. Tant pis, naturellement, si par suite de cette réserve quelques-uns des plus beaux résultats thérapeutiques manquent de faire leur effet sur le monde contemporain. Le fait que les patients optent pour le secret met déjà bien évidemment en lumière un trait de leur histoire secrète.

1. On ne tolérera d'exceptions que pour des données telles que : tableau généalogique, séjours, opérations, etc.

Si l'on enjoint aux malades de ne mettre dans la confidence, au commencement du traitement, qu'un minimum de personnes, on les protège par là même aussi dans une certaine mesure des nombreuses influences hostiles qui tenteront de les détacher de l'analyse. Les
471 influences ainsi exercées peuvent être pernicieuses au début de la cure. Par la suite, elle sont la plupart du temps indifférentes, ou même utiles pour mettre au jour les résistances qui veulent se cacher.

Si pendant le traitement analytique le patient a temporairement besoin d'une autre thérapie généraliste ou spécialisée, il est bien plus opportun de solliciter un confrère non-analyste que de se charger soi-même de ces autres soins. Les traitements combinés pour des souffrances névrotiques à fort étayage organique sont la plupart du temps impraticables. Les patients détournent leur intérêt de l'analyse dès qu'on leur montre plus d'une voie susceptible de mener à la guérison. Le mieux est d'ajourner le traitement organique jusqu'à la conclusion du traitement psychique ; si l'on mettait en premier le traitement organique, il resterait dans la plupart des cas sans résultat.

Revenons à l'engagement du traitement. On rencontrera à l'occasion des patients qui commencent leur cure par une récusation, en assurant que rien ne leur vient à l'idée qu'ils puissent raconter, bien que le domaine entier de leur histoire de vie et de maladie s'offre intact à leurs yeux. On n'accédera pas à la prière qu'ils nous adressent de leur indiquer tout de même de quoi ils doivent parler, cette première fois aussi peu que les fois suivantes. On ne perdra pas de vue à quoi on a affaire dans de tels cas. Une forte résistance est montée là en première ligne pour défendre la névrose ; on relèvera le défi et on prendra la résistance à bras-le-corps. En assurant le patient de façon énergique et répétée qu'il n'y a pas au début une semblable absence de toute idée incidente et qu'il s'agit d'une résistance contre l'analyse, on l'oblige bientôt à faire les aveux attendus ou bien on met à découvert une première part de ses complexes. Cela se présente mal s'il doit avouer que pendant qu'il écoutait la règle fondamentale il s'est ménagé une réserve, à savoir qu'il va garder pour lui telle ou telle chose. La chose est moins grave si tout ce qu'il a à nous communiquer, c'est la méfiance qu'il éprouve à

l'égard de l'analyse ou les choses effroyables qu'il a entendues à son 472
sujet. S'il conteste ces possibilités et d'autres semblables qu'on lui présente, on peut, en faisant pression sur lui, l'obliger à avouer qu'il a malgré tout négligé certaines pensées qui l'occupent. Il a pensé à la cure elle-même mais à rien de précis, ou bien c'est l'image de la pièce où il se trouve qui l'a occupé, ou bien il est forcé de penser aux objets qu'il y a dans le cabinet de traitement, et aussi qu'il est allongé ici sur un divan, toutes choses qu'il a remplacées par cet expédient : « rien ». Ces indications sont fort compréhensibles ; tout ce qui se rattache à la situation présente correspond à un transfert sur le médecin, qui s'avère approprié à une résistance. On est ainsi obligé de commencer par mettre à découvert ce transfert ; c'est en partant de lui qu'on trouve rapidement la voie pour pénétrer dans le matériel pathogène du malade. Ce sont les femmes s'attendant d'après le contenu de leur histoire de vie à une agression sexuelle, ce sont les hommes avec une homosexualité refoulée excessivement forte, qui seront les plus enclins à opposer à l'analyse le préalable d'un tel refus des idées incidentes.

Tout comme la première résistance, les premiers symptômes ou les premières actions fortuites des patients peuvent aussi prétendre à un intérêt particulier et trahir un complexe qui domine leur névrose. Un jeune philosophe plein d'esprit, aux orientations esthétiques choisies, s'empresse de rectifier le pli de son pantalon avant de s'allonger pour commencer le traitement ; il s'avère qu'il avait été jadis un coprophile au raffinement extrême, comme il fallait s'y attendre pour un futur esthète. Une jeune fille dans la même situation tire hâtivement l'ourlet de sa jupe sur sa cheville qui dépasse ; elle a ainsi trahi le meilleur de ce que l'analyse mettra plus tard à découvert, la fierté qu'elle tire de la beauté de son corps et ses penchants exhibitionnistes.

Un nombre particulièrement élevé de patients se rebellent contre la position allongée qui leur est proposée, alors que le médecin est
assis derrière eux sans être vu, et demandent la permission de faire 473
tout le traitement dans une autre position, le plus souvent parce qu'ils ne veulent pas se passer de la vue du médecin. Cela leur est régulièrement refusé, mais on ne peut les empêcher de s'arranger pour dire quelques phrases avant le commencement de la « séance »

ou après l'annonce de la fin de celle-ci, une fois qu'ils se sont levés. Pour eux le traitement se divise en une tranche officielle pendant laquelle ils se comportent la plupart du temps avec beaucoup d'inhibition, et une autre, « intime »[a], où ils parlent vraiment en toute liberté et communiquent toutes sortes de choses qu'ils ne mettent pas eux-mêmes au compte du traitement. Le médecin ne consent pas longtemps à cette séparation, il note bien ce qui a été dit avant et après la séance et, en en tirant parti à la première occasion, il abat la cloison de séparation que le patient voulait élever. Celle-ci sera montée de nouveau à partir du matériel d'une résistance transférentielle.

Tant que les communications et idées incidentes du patient se produisent sans marquer d'arrêt, on laissera intact le thème du transfert. On attendra pour cette procédure, la plus épineuse de toutes, que le transfert soit devenu résistance.

La question suivante devant laquelle nous nous trouvons placés est une question principielle. Elle s'énonce ainsi : Quand devons-nous commencer à faire des communications à l'analysé ? Quand est-il temps de lui dévoiler la signification secrète de ses idées incidentes, de l'initier aux présupposés et procédures techniques de l'analyse ?

La réponse ne peut que s'énoncer ainsi : Pas avant que ne se soit instauré chez le patient un transfert efficace, un rapport[b] véritable. Le premier but du traitement est bien d'attacher le patient à la cure et à la personne du médecin. Pour cela on n'a rien d'autre à faire que de lui laisser du temps. Lorsqu'on témoigne au patient
474 un intérêt sérieux, qu'on élimine soigneusement les résistances qui émergent au début et qu'on évite certaines interventions malencontreuses, celui-ci instaure de lui-même un tel attachement et relie le médecin à l'une des imagines[c] de toute cette série de personnes dont il avait l'habitude de recevoir des marques d'amour. On peut toutefois compromettre ce premier résultat quand on adopte dès le début un autre point de vue que celui de l'empathie, par exemple un point de vue moralisateur, ou quand on se conduit comme le

a. *« gemütlich »*.
b. *Rapport*.
c. Pluriel de *imago*.

représentant ou le mandataire d'une des parties, par exemple de l'autre conjoint, etc.[a].

Cette réponse inclut naturellement la condamnation d'un procédé qui prétendrait communiquer au patient les traductions de ses symptômes dès qu'on les a soi-même devinées, ou qui irait jusqu'à considérer comme un triomphe particulier de lui jeter en pleine figure ces « solutions » dès la première rencontre. Il n'est pas difficile à un analyste relativement exercé d'entendre déjà de façon nettement perceptible dans les plaintes et le rapport de maladie d'un malade les souhaits que ce dernier retient par-devers lui ; mais quel degré d'autocomplaisance et d'irréflexion ne faut-il pas pour révéler à un étranger dont on vient à peine de faire la connaissance et qui n'a aucune familiarité avec tous les présupposés analytiques, qu'il est attaché incestueusement à sa mère, qu'il nourrit des souhaits de mort à l'égard de sa femme prétendument aimée, qu'il cultive l'intention de berner son chef, etc. ! J'ai entendu dire qu'il y a des analystes qui se targuent de semblables diagnostics instantanés et traitements-éclair, mais je mets en garde quiconque voudrait suivre de tels exemples. On jettera ainsi un total discrédit sur soi et sur sa cause et l'on suscitera même les protestations les plus violentes, que l'on ait deviné juste ou pas ; à vrai dire, on suscitera même une résistance d'autant plus violente que l'on aura deviné juste. En règle générale, l'effet thérapeutique sera dans l'immédiat égal à zéro et la frayeur provoquée par l'analyste sera définitive. Même à des stades ultérieurs du traitement, on devra user de prudence pour ne pas communiquer une solution de
symptôme ou une traduction de souhait tant que le patient ne s'en 475
trouvera pas tout près, au point de n'avoir plus qu'un petit pas à faire pour s'emparer lui-même de cette solution. Dans les toutes premières années, j'ai eu fréquemment l'occasion d'apprendre que la communication prématurée d'une solution entraînait pour la cure une fin prématurée, tant du fait des résistances si subitement éveillées qu'en raison du soulagement accompagnant la solution.

On fera ici l'objection suivante : Notre tâche est-elle donc de prolonger le traitement et n'est-ce pas plutôt de le conduire aussi

a. Dans la première édition : « ... le représentant ou le mandataire de l'une des parties avec laquelle le patient se trouve en conflit, par exemple des parents, de l'autre conjoint, etc. »

rapidement que possible à sa fin ? Le malade ne souffre-t-il pas à cause de son non-savoir et de son non-comprendre et n'est-ce pas un devoir de lui donner accès au savoir aussitôt que possible, aussitôt donc que le médecin lui-même y a eu accès ?

Répondre à cette question nous invite à faire une petite digression sur la significativité du savoir et sur le mécanisme de la guérison en psychanalyse.

Dans les tout premiers temps de la technique analytique, nous avons – il est vrai dans une attitude de pensée intellectualiste – accordé une grande valeur au savoir du malade touchant ce qui était oublié de lui et nous avons en cela à peine différencié notre savoir du sien. Nous considérions comme une chance toute particulière de réussir à obtenir d'une autre source – par exemple les parents, les personnes qui ont pris soin de lui ou le séducteur lui-même, comme cela fut possible dans tel ou tel cas – des renseignements sur son trauma d'enfance oublié ; et nous nous empressions de porter à la connaissance du malade l'information et les preuves de son exactitude, dans l'attente assurée de conduire ainsi la névrose et le traitement à une fin rapide. Ce fut une grave déception de voir le résultat escompté faire défaut. Comment pouvait-il donc se faire que le malade qui savait maintenant ce qu'il en était de son expérience vécue traumatique se soit pourtant conduit comme s'il n'en savait pas plus qu'autrefois ? À la suite de la communication et de la des-
476 cription du trauma refoulé, pas même le souvenir de celui-ci ne voulait émerger.

Dans un cas bien déterminé, la mère d'une jeune fille hystérique m'avait révélé l'expérience vécue homosexuelle à laquelle revenait une grande influence sur la fixation des accès de la jeune fille. La mère avait elle-même surpris la scène, mais la malade l'avait complètement oubliée, bien que celle-ci se situât déjà dans les années de la prépuberté. Je pus alors faire une expérience instructive. Chaque fois que je répétais le récit de la mère devant la jeune fille, celle-ci réagissait par un accès hystérique, après quoi ce qui avait été communiqué était de nouveau oublié. Il n'y avait pas de doute que la malade manifestait la plus violente résistance à l'égard d'un savoir qui lui était imposé ; elle finit par simuler la débilité mentale et une totale perte de mémoire pour se protéger contre ce que je communiquais. Ainsi on devait donc se résoudre à retirer au savoir en tant que tel la significativité qu'on lui avait attribuée et à mettre l'accent sur les résistances qui avaient en leur temps causé le non-savoir et qui à présent étaient encore prêtes à le défendre. Mais le savoir conscient, même sans avoir été une nouvelle fois expulsé, était face à ces résistances impuissant.

Le comportement déconcertant des malades qui s'entendent à unir un savoir conscient avec un non-savoir reste inexplicable pour ce qu'on appelle la psychologie normale. Ce comportement ne fait aucune difficulté à la psychanalyse en raison de sa reconnaissance de l'inconscient : mais le phénomène décrit est l'un des meilleurs arguments à l'appui d'une conception qui met davantage à sa portée les processus animiques en les différenciant topiquement. Or les malades savent dans leur pensée ce qu'il en est de l'expérience vécue refoulée, mais il manque à cette pensée la liaison avec ce lieu où est contenu, d'une façon ou d'une autre, le souvenir refoulé. Une modification ne peut survenir que lorsque le processus de pensée conscient a opéré sa poussée jusqu'à ce lieu et a surmonté là les résistances de refoulement. C'est exactement comme si avait été 477
promulgué au ministère de la Justice un décret en vertu duquel il faut juger les délits de la jeunesse avec une certaine indulgence. Tant que ce décret n'est pas parvenu à la connaissance de chacun des tribunaux de district, ou pour le cas où les juges de district n'auraient pas l'intention de s'y conformer mais auraient bien plutôt celle de juger de leur propre chef, rien ne peut être changé au traitement de chacun des jeunes délinquants. Ajoutons encore, à titre de correction, que la communication consciente du refoulé au malade ne reste pourtant pas sans effet. Elle ne produira pas l'effet souhaité – mettre fin aux symptômes –, mais aura d'autres conséquences. Elle suscitera d'abord des résistances, mais ensuite, lorsque celles-ci auront été surmontées, un procès de pensée au cours duquel se met enfin en place l'influence escomptée s'exerçant sur le souvenir inconscient.

Il est maintenant temps d'acquérir une vue d'ensemble du jeu de forces que nous enclenchons par le traitement. Le moteur immédiat de la thérapie est la souffrance du patient et le souhait de guérison qui en découle pour lui. De la grandeur de cette force de pulsion viennent se soustraire bien des choses qui ne sont mises à découvert

qu'au cours de l'analyse, avant tout le bénéfice secondaire de la maladie, mais la force de pulsion elle-même doit rester maintenue jusqu'à la fin du traitement ; chaque amélioration provoque une réduction de celle-ci. À elle seule elle est cependant incapable d'éliminer la maladie, il lui manque pour cela deux choses : elle ne connaît pas les voies à emprunter pour atteindre cette fin et elle ne rallie pas contre les résistances les montants d'énergie nécessaires. Le traitement analytique remédie à ces deux manques. Les grandeurs d'affect requises pour surmonter les résistances, il les fournit en mobilisant les énergies qui sont prêtes pour le transfert ; par les communications faites en temps opportun, il montre au malade les voies sur lesquelles il doit diriger ces énergies. Le transfert peut assez fré-
478 quemment éliminer à lui seul les symptômes de souffrance, mais alors seulement de façon provisoire, aussi longtemps précisément qu'il existe lui-même. C'est alors un traitement suggestif, non une psychanalyse. Le traitement ne mérite ce dernier nom que lorsque le transfert a utilisé son intensité pour le surmontement des résistances. Alors seulement être malade est devenu impossible, même si le transfert a été résolu à son tour, comme le veut sa destination.

Au cours du traitement, un autre facteur favorisant est encore éveillé, l'intérêt et la compréhension intellectuels du malade. Mais ce facteur n'entre guère en ligne de compte face aux autres forces en lutte les unes contre les autres ; il est constamment menacé de dévalorisation par suite de l'obscurcissement du jugement qui provient des résistances. Ne restent ainsi que transfert et instruction (par la communication) comme nouvelles sources de forces dont le malade est redevable à l'analyste. Mais le malade ne se sert de l'instruction que dans la mesure où il y est amené par le transfert ; pour cette raison la première communication doit attendre que se soit instauré un puissant transfert, et pour cette même raison, ajouterons-nous, toute communication ultérieure doit attendre que soit éliminée la perturbation du transfert par les résistances transférentielles émergeant l'une après l'autre.

Remémoration, répétition et perlaboration* **

* *OCF.P,* XII, p. 187-196 ; *GW,* X, p. 126-136.

** Deuxième partie des « Nouveaux conseils sur la technique de la psychanalyse » (Weitere Ratschläge zur Technik der Psychoanalyse I, II, III).

ERINNERN, WIEDERHOLEN UND DURCHARBEITEN

1914 [1914 *g*]

Première publication

1914 *Int. Z. Psychoanal.*, *2* (6), p. 485-491.

Principales éditions allemandes

1918 *Sammlung kleiner Schriften zur Neurosenlehre*, *4*, p. 441-452.
1925 *Gesammelte Schriften*, t. VI, p. 109-119.
1946 *Gesammelte Werke*, t. X, p. 126-136.
1975 *Studienausgabe*, *Ergänzungsband*, p. 207-215.

Traduction anglaise

1958 *Standard Edition*, t. XII, p. 147-156 : Remembering, Repeating and Working-Through (Further Recommendations on the Technique of Psycho-Analysis II).

Première traduction française

1953 Remémoration, répétition et élaboration, traduit par A. Berman, *in* S. Freud, *De la technique psychanalytique*, Paris, Presses Universitaires de France, p. 105-115.

Annoncé dans la lettre de Freud à Ferenczi du 18 juillet 1914, cet « article technique » est terminé « dans les derniers jours de calme » avant la déclaration de guerre (lettre à Abraham du 29 juillet), et publié à la fin de la même année sous le titre « Nouveaux conseils sur la technique de la psychanalyse (II) : Remémoration, répétition et perlaboration ».

Ce titre de 1914, maintenu en 1918, ne conserve que sa seconde partie dans les éditions ultérieures.

REMÉMORATION, RÉPÉTITION ET PERLABORATION

Il ne me paraît pas superflu de rappeler sans cesse à ceux qui 126
apprennent la technique psychanalytique quelles modifications en profondeur elle a connues depuis ses tout premiers débuts. D'abord, dans la phase de la catharsis breuerienne, on mettait directement au centre le moment de la formation du symptôme et on maintenait avec conséquence l'effort de susciter la reproduction des processus psychiques de la situation en question, afin de les conduire par une activité consciente à un complet déroulement. Remémoration et abréaction étaient alors les buts à atteindre à l'aide de l'état hypnotique. Ensuite, après le renoncement à l'hypnose, s'imposa la tâche de deviner à partir des libres idées incidentes de l'analysé ce qu'il échouait à se remémorer. Grâce au travail d'interprétation et à la communication de ses résultats au malade, la résistance devait être contournée ; la centration sur les situations de la formation du symptôme et sur ces autres situations qui se révélaient derrière le moment de l'entrée en maladie était maintenue, l'abréaction reculait et semblait remplacée par la dépense de travail que l'analysé avait à fournir lorsqu'il lui était
imposé de surmonter la critique à l'égard de ses idées incidentes (dans 127
l'observance de la règle fondamentale Ψα). Finalement s'est formée la technique conséquente d'aujourd'hui, dans laquelle le médecin renonce à mettre au centre un moment ou un problème déterminé, se contentant ainsi d'étudier à chaque fois la surface psychique de l'analysé et utilisant essentiellement l'art de l'interprétation pour reconnaître les résistances qui surgissent à cette surface et pour les rendre conscientes au malade. Il s'instaure alors un nouveau mode de répartition du travail : le médecin met à découvert les résistances qui ne sont pas connues du malade ; une fois celles-ci maîtrisées, le malade raconte souvent sans la moindre peine les situations et corrélations oubliées. Naturellement, le but de ces techniques est resté inchangé ; au plan descriptif : combler les lacunes du souvenir ; au plan dynamique : surmonter les résistances du refoulement.

On doit rester reconnaissant à l'ancienne technique hypnotique de nous avoir mis sous les yeux, en les isolant et en les schématisant, chacun des processus psychiques de l'analyse. C'est par ce moyen seulement que nous avons pu avoir le courage de créer nous-mêmes dans la cure analytique des situations compliquées et de les conserver transparentes.

La remémoration prenait alors dans ces traitements hypnotiques une forme très simple. Le patient se mettait dans une situation antérieure qu'il ne semblait jamais confondre avec la situation présente, il communiquait les processus psychiques de la première dans la mesure où ils étaient restés normaux et y ajoutait ce qui pouvait se révéler par la transposition des processus autrefois inconscients en processus conscients.

J'enchaîne[a] ici par quelques remarques que tout analyste a trouvé confirmées dans son expérience. L'oubli d'impressions, de scènes, d'expériences vécues se réduit la plupart du temps à un « barrage » opposé à celles-ci. Lorsque le patient parle de cet
128 « oublié », il manque rarement d'ajouter : je l'ai à vrai dire toujours su, simplement je n'y ai pas pensé. Il n'est pas rare qu'il exprime sa déception à constater que ne veulent pas lui venir à l'idée bien des choses qu'il peut reconnaître comme « oubliées », auxquelles il n'a plus jamais pensé depuis qu'elles se sont produites. Cependant cette désirance trouve aussi sa satisfaction, surtout dans les hystéries de conversion. L'« oubli » connaît encore une limitation quand on prend en compte les souvenirs-couverture si généralement présents. Dans nombre de cas j'ai eu l'impression que l'amnésie d'enfance bien connue et tellement significative pour nous au plan théorique est complètement contrebalancée par les souvenirs-couverture. En eux se trouve conservé non seulement quelque chose de l'essentiel de la vie d'enfance, mais à vrai dire tout l'essentiel. On doit seulement savoir le développer par l'analyse en partant des souvenirs-couverture. Ceux-ci représentent les années d'enfance oubliées dans la même mesure que le contenu de rêve manifeste représente les pensées de rêve.

a. Dans la première édition, ce paragraphe et les trois suivants étaient imprimés en petits caractères.

L’autre groupe de processus psychiques – fantaisies, processus de relation, motions de sentiment, corrélations – que l’on peut confronter, en tant qu’ils sont des actes purement internes, aux impressions et expériences vécues, doit être considéré à part dans son rapport à l’oubli et à la remémoration. Il arrive ici, avec une particulière fréquence, que soit « remémoré » quelque chose qui n’a jamais pu être « oublié », parce que cela n’avait été remarqué à aucun moment et n’avait jamais été conscient ; il semble en outre totalement indifférent pour le déroulement psychique qu’une telle « corrélation » ait été consciente et puis ait été oubliée, ou qu’elle ne soit jamais parvenue à la conscience. La conviction que le malade acquiert au cours de l’analyse est totalement indépendante d’une telle remémoration.

C’est particulièrement dans les multiples formes de la névrose de contrainte que l’oublié se restreint la plupart du temps à la dissolution des corrélations, à la méconnaissance des conséquences logiques, à l’isolation des souvenirs.

S’agissant d’une sorte particulière d’expériences vécues extrême- 129
ment importantes qui se situent dans les tout premiers temps de l’enfance et ont été vécues, en leur temps, sans compréhension mais qui, *après coup*, ont rencontré compréhension et interprétation, le plus souvent aucun souvenir ne peut être éveillé. On parvient par des rêves à la connaissance de ces expériences vécues, et pour les motifs les plus contraignants issus de l’agencement de la névrose, on est obligé d’y croire ; on peut également se convaincre de ce que l’analysé, une fois ses résistances surmontées, n’utilise pas l’absence du sentiment de remémoration (sensation de connu) contre l’acceptation de ces expériences. Ce sujet requiert toutefois tant de prudence critique et apporte tant d’éléments nouveaux et déconcertants que je lui réserve un traitement à part portant sur un matériel approprié[a].

Or quand on applique la nouvelle technique il ne reste que très peu, voire rien de ce déroulement qui était d’une aisance réjouissante. On rencontre d’ailleurs ici des cas qui se comportent un certain temps comme dans la technique hypnotique, ne faisant défail-

a. Cf. « À partir de l’histoire d’une névrose infantile », *GW*, XII ; *OCF.P*, XIII.

lance que plus tard ; mais d'autres cas ont d'emblée un comportement différent. Si, pour caractériser leur différence, nous nous en tenons au second type, nous sommes en droit de dire que l'analysé ne se *remémore* absolument rien de ce qui est oublié et refoulé, mais qu'il l'*agit*. Il ne le reproduit pas sous forme de souvenir mais sous forme d'acte, il le *répète*, naturellement sans savoir qu'il le répète.

Par exemple : l'analysé ne raconte pas qu'il se souvient d'avoir été frondeur et incrédule envers l'autorité de ses parents, mais il se comporte de cette même façon envers le médecin. Il ne se remémore pas le fait d'être resté arrêté, désemparé et en désaide, dans sa recherche sexuelle infantile, mais il apporte tout un tas de rêves et idées incidentes confus, se lamente de ne réussir en rien et soutient que c'est son destin de ne jamais mener une entreprise à son terme. Il ne se remémore pas le fait d'avoir eu intensément honte de certai-
130 nes activités sexuelles et d'avoir redouté qu'elles soient découvertes, mais il fait voir qu'il a honte du traitement auquel il s'est à présent soumis et cherche à le tenir secret à l'égard de tous, etc.

Avant toute chose il commence la cure par une telle répétition. Souvent, lorsqu'on a communiqué la règle fondamentale psychanalytique à un patient dont l'histoire de vie est pleine de vicissitudes et l'histoire de maladie fort longue, qu'on l'a alors invité à dire ce qui lui vient à l'idée, et qu'on s'attend maintenant à ce que ses communications se répandent à flots, on apprend tout d'abord qu'il ne sait quoi dire. Il se tait et affirme que rien ne veut lui venir à l'idée. Naturellement, cela n'est rien d'autre que la répétition d'une attitude homosexuelle qui vient s'imposer en tant que résistance à toute remémoration. Aussi longtemps qu'il restera en traitement, il ne se libérera plus de cette contrainte de répétition ; on comprend finalement que c'est là sa façon de se remémorer.

C'est naturellement le rapport de cette contrainte de répétition au transfert et à la résistance qui nous intéressera en premier lieu. Nous remarquons bientôt que le transfert n'est lui-même qu'un fragment de répétition et que la répétition est le transfert du passé oublié, non seulement sur le médecin mais également sur tous les autres domaines de la situation présente. Nous devons donc nous attendre à ce que l'analysé s'abandonne à la contrainte à la répéti-

tion – qui remplace maintenant l'impulsion à la remémoration –, non seulement dans le rapport personnel au médecin, mais encore dans toutes les autres activités et relations qu'il a simultanément dans sa vie, par exemple lorsque pendant la cure il choisit un objet d'amour, se charge d'une tâche, s'engage dans quelque entreprise. La part de la résistance est également facile à reconnaître. Plus la résistance est grande, plus la remémoration sera largement remplacée par l'agir (répétition). Dans l'hypnose, la remémoration idéale de ce qui est oublié correspond bel et bien à un état dans lequel la résistance est totalement mise de côté. Si la cure commence sous les auspices d'un transfert positif tempéré et non exprimé, elle permet 131
tout d'abord, comme dans l'hypnose, une plongée dans le souvenir pendant laquelle même les symptômes de maladie se taisent ; mais si par la suite ce transfert devient hostile ou excessivement fort et nécessite de ce fait le refoulement, alors la remémoration cède aussitôt la place à l'agir. À partir de là, les résistances détermineront l'ordre de succession de ce qui est à répéter. Le malade va chercher dans l'arsenal du passé les armes avec lesquelles il se défend de la poursuite de la cure et que nous devons lui arracher pièce par pièce.

Nous venons de voir que l'analysé répète au lieu de se remémorer, il répète en étant soumis aux conditions de la résistance ; nous sommes maintenant en droit de demander : mais, à vrai dire, que répète-t-il ou qu'agit-il ? La réponse est qu'il répète tout ce qui, provenant des sources de son refoulé, s'est déjà imposé dans son être manifeste : ses inhibitions, ses attitudes ne servant à rien, ses traits de caractère pathologiques. Évidemment, il répète aussi pendant le traitement tous ses symptômes. Nous pouvons dès lors remarquer qu'en mettant en relief la contrainte à la répétition nous n'avons abouti à aucun fait nouveau, mais seulement à une conception plus unitaire. Nous voyons maintenant clairement que l'état de maladie de l'analysé ne peut cesser avec le commencement de son analyse, que nous n'avons pas à traiter sa maladie comme une affaire d'ordre historique, mais comme une puissance actuelle. Cet état de maladie est donc amené pièce par pièce dans l'horizon et dans le domaine d'action de la cure ; et alors que le malade le vit comme quelque chose de réel et d'actuel, nous avons à y opérer le travail thérapeutique qui consiste pour une bonne part à ramener les choses au passé.

Amener à se remémorer sous hypnose donnait forcément l'impression d'une expérimentation en laboratoire. Amener à répéter pendant le traitement analytique mené suivant notre nouvelle tech-
132 nique signifie faire resurgir un fragment de la vie réelle, et de ce fait cela ne peut pas être dans tous les cas inoffensif et sans inconvénients. C'est ici que se rattache tout le problème de l'« aggravation pendant la cure », souvent inéluctable.

Avant tout, le simple engagement du traitement entraîne que le malade modifie son attitude consciente envers la maladie. Il s'est habituellement contenté de la déplorer, de la mépriser comme un non-sens, d'en sous-estimer la significativité, mais il a par ailleurs poursuivi à l'égard des manifestations de la maladie le comportement refoulant, la politique de l'autruche qu'il pratiquait envers les origines de celle-ci. Il peut ainsi arriver qu'il ne connaisse pas correctement les conditions de sa phobie, qu'il n'entende pas l'exact énoncé de ses idées de contrainte ou ne saisisse pas la véritable intention de son impulsion de contrainte. De cela la cure ne peut naturellement pas se servir. Il lui faut acquérir le courage de porter toute son attention sur les manifestations de sa maladie. La maladie elle-même ne doit plus être pour lui quelque chose de méprisable, mais devenir bien plutôt un adversaire digne de ce nom, un morceau de son être qui s'appuie sur de bons motifs et dont il s'agit de tirer quelque chose de précieux pour sa vie ultérieure. La réconciliation avec le refoulé, lequel se manifeste dans les symptômes, se prépare ainsi dès le début, mais il est aussi fait place à une certaine tolérance pour l'état de maladie. Si par ce nouveau rapport à la maladie sont exacerbés des conflits et mis en avant des symptômes qui auparavant manquaient encore de netteté, on peut en consoler facilement le patient en lui faisant remarquer que ce ne sont là que des aggravations nécessaires mais passagères, et qu'il n'est pas possible de tuer un ennemi qui est absent ou n'est pas suffisamment proche. Mais la résistance peut vouloir exploiter la situation pour les visées qui sont les siennes et vouloir abuser de la permission d'être malade. La résistance semble alors déclarer : Regarde donc ce qui arrive si je me mêle vraiment de ces choses. N'ai-je pas bien fait de les livrer au
133 refoulement ? Ce sont particulièrement les personnes juvéniles et enfantines qui habituellement utilisent volontiers le passage obligé

dans la cure par l'état de maladie pour se livrer à la débauche des symptômes de maladie.

D'autres dangers apparaissent du fait que, dans la poursuite de la cure, des motions pulsionnelles nouvelles, situées plus en profondeur et qui ne s'étaient pas encore imposées, peuvent également accéder à la répétition. Pour finir, les actions du patient à l'extérieur du transfert peuvent entraîner des préjudices passagers pour sa vie, voire être choisies de manière à invalider en permanence la santé que l'on cherche à atteindre.

La tactique que le médecin doit adopter dans cette situation est facile à justifier. Pour lui la remémoration selon l'ancienne manière, la reproduction dans le domaine psychique, reste le but auquel il tient fermement, même s'il sait que ce but ne peut être atteint avec la nouvelle technique. Il s'organise en vue d'un combat permanent avec le patient afin de retenir dans le domaine psychique toutes les impulsions que celui-ci voudrait orienter vers la motricité, et il célèbre comme un triomphe de la cure le fait de réussir, par le travail de remémoration, à liquider ce que le patient voudrait éconduire par une action. Lorsque la liaison instaurée par le transfert est devenue telle qu'on puisse de quelque façon s'en servir, le traitement parvient à empêcher le malade d'effectuer toutes les actions de répétition tant soit peu significatives et à utiliser comme matériel pour le travail thérapeutique le projet qu'il en avait conçu in statu nascendi[a]. La meilleure façon de protéger le malade du préjudice qu'il encourait en exécutant ses impulsions est de l'obliger à ne prendre aucune décision vitale pendant la durée de la cure, comme par exemple choisir un métier, un objet d'amour définitif, mais à attendre, pour tous ces desseins, le moment de la guérison.

On a alors soin de ménager ce qui de la liberté personnelle de l'analysé est compatible avec ces précautions, on ne l'empêche pas 134
de mettre en œuvre des desseins sans importance, voire insensés, n'oubliant pas ainsi que l'être humain ne peut à vrai dire devenir sage que par l'effet de préjudices et de sa propre expérience. Certes, il y a également des cas que l'on ne peut empêcher de se livrer pendant le traitement à quelque entreprise totalement inopportune et

a. À l'état naissant.

qui ne deviennent qu'après cela malléables et accessibles à l'élaboration analytique. À l'occasion, il ne manque pas d'arriver aussi qu'on n'ait pas le temps de passer aux pulsions sauvages la bride du transfert ou que, dans une action de répétition, le patient arrache le lien qui le relie au traitement. Comme exemple extrême je peux choisir le cas d'une dame d'un certain âge qui, dans des états crépusculaires, avait à plusieurs reprises quitté sa maison et son mari et s'était enfuie on ne sait où, sans jamais prendre conscience d'un quelconque motif pour cette « fugue ». Elle vint en traitement chez moi avec un transfert tendre, bien constitué, intensifia celui-ci dans les premiers jours avec une rapidité inquiétante et au bout d'une semaine elle avait aussi « fugué » de chez moi, avant même que j'aie eu le temps de lui dire quoi que ce soit qui aurait pu l'empêcher de faire cette répétition.

Or le moyen principal de dompter la contrainte de répétition du patient et de la transformer en un motif de remémoration se trouve dans le maniement du transfert. Nous la rendons inoffensive et même profitable en lui accordant ses droits et en lui laissant libre cours dans un certain domaine. Nous lui ouvrons avec le transfert un lieu d'ébats où il lui est permis de se déployer dans une liberté presque totale et où il lui est assigné de nous mettre sous les yeux tout ce qui, en fait de pulsions pathogènes, s'est caché dans la vie d'âme de l'analysé. Lorsque le patient fait preuve de suffisamment de prévenance pour respecter les conditions d'existence du traitement, nous réussissons régulièrement à donner à tous les symptômes de la maladie une nouvelle signification transférentielle[a] et à
135 remplacer sa névrose ordinaire par une névrose de transfert dont il peut être guéri par le travail thérapeutique. Le transfert crée ainsi un royaume intermédiaire entre la maladie et la vie, à travers lequel s'effectue le passage de la première à la seconde. Le nouvel état a repris tous les caractères de la maladie mais il constitue une maladie artificielle qui est en tous points accessible à nos interventions. Il est en même temps un morceau de l'expérience de vie réelle, mais il est rendu possible par des conditions particulièrement favorables et il a la nature d'un être provisoire. À partir des réac-

a. *Übertragungsbedeutung*. Dans les deux premières éditions : *Übertragungsbedingung* (condition transférentielle).

tions de répétition[a] qui se manifestent dans le transfert, les voies que l'on connaît conduisent alors au réveil des souvenirs qui se mettent en place apparemment sans peine après le surmontement des résistances.

Je pourrais m'interrompre ici si l'intitulé de cet article ne m'obligeait à présenter un autre morceau de la technique analytique. Le surmontement des résistances, on le sait, s'engage du fait que le médecin met à découvert la résistance qui n'a jamais été reconnue par l'analysé et qu'il la communique au patient. Or il semble que les débutants en analyse soient enclins à considérer cette étape de l'engagement comme la totalité du travail. J'ai souvent été consulté dans des cas où le médecin se plaignait de ceci : il avait fait voir au malade sa résistance, et pourtant rien ne s'était modifié, et même la résistance s'était considérablement renforcée, et toute la situation était devenue encore plus impénétrable. La cure, disait-il, semblait ne pas avancer. Or cette attente pessimiste se révélait souvent erronée. En règle générale, la cure se poursuivait on ne peut mieux ; le médecin avait seulement oublié que le fait de nommer la résistance peut ne pas avoir pour conséquence la cessation immédiate de celle-ci. On doit laisser au malade le temps de se plonger dans la résistance qui lui est inconnue[b], de la perlaborer, de la surmonter, tandis que, défiant la résistance, il poursuit le travail selon la règle fondamentale de l'analyse. C'est seulement au paroxysme de cette 136
résistance que l'on découvre alors dans un travail commun avec l'analysé les motions pulsionnelles refoulées qui alimentent celle-ci, le patient se convainquant de l'existence et de la puissance de ces motions en vivant une telle expérience. Le médecin n'a alors rien d'autre à faire que d'attendre et de laisser s'accomplir un déroulement qui ne peut être évité et qui ne peut pas toujours non plus être accéléré. S'il tient fermement à cette vue des choses, il s'épargnera souvent l'illusion d'avoir échoué alors qu'il continue pourtant de conduire le traitement en suivant la ligne correcte.

Cette perlaboration des résistances peut dans la pratique devenir une tâche ardue pour l'analysé et une épreuve de patience pour le

a. *Wiederholungsreaktionen.* Dans la première édition : *Wiederholungsaktionen :* actions de répétition.

b. Dans la première édition, et elle seule : « connue ».

médecin. Mais elle est pourtant cette partie du travail qui a pour effet la plus grande modification sur le patient et qui différencie le traitement analytique de toute influence exercée par la suggestion. Théoriquement on peut la mettre en parallèle avec l'« abréaction » des montants d'affect restés coincés du fait du refoulement, processus sans lequel le traitement hypnotique demeurerait sans influence.

Remarques sur l'amour de transfert* **

* *OCF.P*, XII, p. 199-211 ; *GW*, X, p. 306-321.
** Troisième partie des « Nouveaux conseils sur la technique de la psychanalyse » (Weitere Ratschläge zur Technik der Psychoanalyse I, II, III).

BEMERKUNGEN ZUR ÜBERTRAGUNGSLIEBE

1914 [1915 *a*]

Première publication

1915 *Int. Z. Psychoanal.*, *3* (1), p. 1-11.

Principales éditions allemandes

1918 *Sammlung kleiner Schriften zur Neurosenlehre*, *4*, p. 453-469.
1925 *Gesammelte Schriften*, t. VI, p. 120-135.
1946 *Gesammelte Werke*, t. X, p. 306-321.
1975 *Studienausgabe*, *Ergänzungsband*, p. 219-230.

Traduction anglaise

1958 *Standard Edition*, t. XII, p. 159-171 : Observations on Transference-Love (Further Recommendations on the Technique of Psycho-Analysis III).

Première traduction française

1953 Observations sur l'amour de transfert, traduit par A. Berman, *in* S. Freud, *De la technique psychanalytique*, Paris, Presses Universitaires de France, p. 116-130.

Cet article, écrit en juillet 1914, est publié au début de 1915 sous le titre : « Nouveaux conseils sur la technique de la psychanalyse (III) : Remarques sur l'amour de transfert ».

Le titre initial de l'essai, comme celui des deux précédents, est maintenu dans l'édition de 1918, et ne conserve que sa deuxième partie dans les éditions ultérieures.

REMARQUES SUR L'AMOUR DE TRANSFERT

Tout débutant en psychanalyse s'alarmera sans doute d'emblée devant les difficultés que lui réserveront l'interprétation des idées incidentes du patient et la tâche que constitue la reproduction du refoulé. Mais il est à la veille de tenir pour minimes ces difficultés et d'échanger contre elles la conviction que les seules difficultés vraiment sérieuses vont se rencontrer dans le maniement du transfert. 306

Parmi les situations qui se présentent ici, j'en extrairai une seule, nettement circonscrite, aussi bien à cause de sa fréquence et de sa significativité réelle qu'à cause de son intérêt théorique. J'ai en tête le cas où une patiente femme laisse deviner par des allusions sans équivoque, ou exprime directement, qu'elle est, comme n'importe quelle autre mortelle, tombée amoureuse du médecin qui l'analyse. Cette situation a ses côtés pénibles et comiques, comme ses côtés sérieux ; elle est du reste si embrouillée et conditionnée de tant de côtés, si inévitable et si difficile à résoudre que, depuis longtemps, sa discussion 307
aurait comblé un besoin vital de la technique analytique. Mais comme nous-mêmes ne sommes pas toujours libres, nous qui nous moquons des fautes des autres, nous ne nous sommes pas précisément empressés jusqu'ici d'accomplir cette tâche. Ici nous nous heurtons encore et toujours au devoir de discrétion médicale, dont on ne peut se dispenser dans la vie, mais dont on ne saurait que faire dans notre science. Dans la mesure où la littérature de la discipline psychanalytique[a] appartient aussi à la vie réelle, il en résulte ici une contradiction insoluble. J'ai, récemment, en un endroit, passé outre à la discrétion et signalé que cette même situation de transfert a retardé le développement de la thérapie psychanalytique, lui coûtant sa première décennie[1].

Pour le profane bien éduqué – ce qu'est bien l'homme de la culture idéal face à la psychanalyse – les affaires de l'amour sont incom-

1. Contribution à l'histoire du mouvement psychanalytique [« Zur Geschichte der psychoanalytischen Bewegung », *GW*, X ; *OCF.P*, XII] (1914).

a. *die Literatur der Psychoanalytik.*

mensurables avec toute autre chose ; elles se trouvent, pour ainsi dire, sur une feuille à part, qui ne tolère aucun autre écrit. Si donc la patiente est tombée amoureuse du médecin, pensera-t-il, alors il n'y a que deux issues : la plus rare, à savoir que toutes les circonstances autorisent l'union légitime durable des deux, et la plus fréquente, à savoir que médecin et patiente se séparent et abandonnent le travail commencé, celui-ci étant perturbé par un événement élémentaire alors qu'il devait servir au rétablissement. Certes, une troisième issue est également pensable, qui semble même se concilier avec la poursuite de la cure : nouer des relations d'amour illégitimes et non destinées à l'éternité ; mais cette issue est bel et bien rendue impossible, tant par la morale bourgeoise que par la dignité médicale. Quoi qu'il en soit, le profane demanderait à être tranquillisé par une assurance de l'analyste, la plus nette possible, sur l'exclusion de ce troisième cas.

308 Il est évident que le point de vue du psychanalyste doit être autre.

Prenons le cas de la deuxième issue de la situation dont nous parlons : médecin et patiente se séparent après que la patiente est tombée amoureuse du médecin ; la cure est abandonnée. Mais l'état de la patiente rend bientôt nécessaire une deuxième tentative analytique auprès d'un autre médecin ; or il se produit que la patiente se sent amoureuse de ce deuxième médecin aussi, et de même, quand elle rompt de nouveau et repart de plus belle, du troisième, etc. Ce fait qui survient avec certitude – un des fondements, comme on sait, de la théorie psychanalytique – peut être exploité de deux façons, pour le médecin analysant, et pour la patiente qui a besoin de l'analyse.

Pour le médecin, il signifie un précieux éclaircissement et une bonne mise en garde à l'égard d'un contre-transfert qui peut être chez lui virtuellement là. Il lui faut reconnaître que si la patiente tombe amoureuse, cela est produit par la contrainte de la situation analytique et ne saurait être attribué aux avantages de sa personne, et qu'il n'a donc pas la moindre raison d'être fier d'une telle « conquête », comme on l'appellerait en dehors de l'analyse. Et il est toujours bon d'en être averti. Pour la patiente, elle, il se présente une alternative : ou bien il lui faut renoncer à un traitement psychanalytique, ou bien il lui faut consentir, comme à un destin inéluctable, à être amoureuse de son médecin[1].

Je ne doute pas que les proches de la patiente ne se déclarent en faveur de la première des deux possibilités, avec la même résolution que le médecin analysant en faveur de la seconde. Mais j'estime que c'est là un cas dans lequel la décision ne peut être laissée au souci marqué de tendresse – ou plutôt de jalousie égoïste – des proches. 309
Seul l'intérêt de la malade devrait faire pencher la balance. Or l'amour des proches ne saurait guérir une névrose. Le psychanalyste n'a pas à s'imposer, mais il est en droit de s'affirmer comme indispensable pour produire certains résultats. Celui qui, envers ses proches, fait sienne la position de Tolstoï[a] face à ce problème peut bien rester, sans se laisser perturber, en possession de sa femme ou de sa fille, mais il lui faut tenter de supporter que celle-ci de son côté garde sa névrose et la perturbation de sa capacité d'amour qui y est rattachée. C'est finalement un cas semblable à celui du traitement gynécologique. Le père ou l'époux jaloux se trompe d'ailleurs grandement s'il estime que la patiente évitera de tomber amoureuse du médecin, si, pour combattre sa névrose, il la fait s'engager dans un autre traitement que le traitement analytique. La différence sera seulement plutôt qu'un tel état amoureux, qui est destiné à rester inexprimé et inanalysé, ne fournira jamais cette contribution au rétablissement de la malade que l'analyse, par sa contrainte, obtiendrait d'elle.

Il est venu à ma connaissance que certains médecins, qui pratiquent l'analyse, préparent fréquemment[b] les patients à l'apparition du transfert d'amour ou même les invitent « à tomber tout bonnement amoureux du médecin pour que l'analyse avance ». J'ai peine à me représenter une technique plus insensée. Par là on ravit au

1. Que le transfert puisse se manifester par des sentiments autres et moins tendres, cela est connu et ne sera pas traité dans cet article.

a. Leon Nikolaïevitch Tolstoï (1828-1910). Sa position est explicitée en particulier dans *La Sonate à Kreutzer* (chap. XIII et XIV, et surtout Postface). Il voudrait que les femmes n'aient pas recours aux médecins, ces « gredins » qui, en leur prescrivant des « moyens anticonceptionnels », en font des êtres contre-nature. Pozdnychev déclare : « Tous les hôpitaux sont pleins de femmes hystériques ayant enfreint les lois de la nature. Or les possédées et les patientes de Charcot sont de véritables infirmes. »

b. *häufig*. Dans la première édition : *frühzeitig* (prématurément).

phénomène le caractère convaincant de la spontanéité et l'on se prépare à soi-même des obstacles difficiles à éliminer[a].

Tout d'abord, il n'y a d'ailleurs aucune apparence que de l'état amoureux dans le transfert puisse naître quelque chose qui fasse avancer la cure. La patiente, même la plus docile jusqu'alors, a subitement perdu compréhension et intérêt pour le traitement, elle ne veut parler ni entendre parler de rien d'autre que de son amour, pour lequel elle exige réciprocité ; elle a abandonné ses symptômes
310 ou les néglige, allant jusqu'à se déclarer en bonne santé. Il y a un changement complet de la scène, comme si une pièce avait cédé la place à une réalité effective faisant subitement irruption, un peu comme quand retentit le signal de l'incendie pendant une représentation théâtrale. Celui qui, médecin, vit cela pour la première fois a du mal à maintenir la situation analytique et à se soustraire à l'illusion que le traitement est effectivement à sa fin.

Un peu de réflexion et l'on s'y retrouve. Il nous revient avant tout le soupçon que tout ce qui perturbe la poursuite de la cure peut être une manifestation de résistance. La résistance a indubitablement une grande part dans l'apparition de cette impétueuse exigence d'amour. On avait certes remarqué depuis longtemps, chez la patiente, les indices d'un transfert tendre et l'on pouvait certainement inscrire au compte d'une telle position envers le médecin sa docilité, son acquiescement aux explications de l'analyse, son excellente compréhension et la haute intelligence dont elle faisait preuve ici. À présent, tout cela est comme balayé, la malade a perdu toute clairvoyance, elle semble se dissoudre dans son état amoureux, et cette transformation est apparue très régulièrement à un moment où l'on devait supposer justement qu'elle allait avouer ou se remémorer une partie de son histoire de vie particulièrement pénible et sévèrement refoulée. L'état amoureux était donc là acquis depuis longtemps, mais maintenant la résistance commence à s'en servir pour inhiber la poursuite de la cure, détourner du travail tout intérêt et mettre le médecin analysant dans un pénible embarras.

Y regarde-t-on de plus près, on peut reconnaître aussi dans la situation l'influence de motifs venant la compliquer, pour une part

a. Dans la première édition ce paragraphe était imprimé en petits caractères.

ceux qui se rattachent à l'état amoureux, mais pour une autre part des manifestations particulières de la résistance. Aux premiers ressortissent les efforts de la patiente pour s'assurer de son irrésistibilité, 311
briser l'autorité du médecin en l'abaissant au rang d'amant, et tout ce qui par ailleurs se signale comme gain marginal dans la satisfaction d'amour. Quant à la résistance, on peut présumer qu'elle utilise à l'occasion la déclaration d'amour comme moyen pour mettre à l'épreuve l'analyste inflexible, après quoi il devrait s'attendre, dans le cas d'un consentement de sa part, à une remontrance. Mais avant tout on a l'impression que la résistance, en tant qu'*agent provocateur*[a], accroît l'état amoureux et exagère la disponibilité à l'abandon sexuel, pour ensuite justifier d'autant plus énergiquement l'action du refoulement, en invoquant les dangers d'un tel dérèglement. Tous ces à-côtés, qui peuvent même manquer dans des cas plus purs, ont été, on le sait, considérés par Alf. Adler[b] comme l'essentiel de tout le processus.

Mais comment faut-il que l'analyste se conduise pour ne pas échouer du fait de cette situation, lorsqu'il est établi pour lui que la cure doit être poursuivie malgré ce transfert d'amour et tout au long de celui-ci ?

À présent je n'aurais pas de mal à postuler, en insistant énergiquement sur la morale généralement en vigueur, que l'analyste ne doit absolument jamais accepter la tendresse qui lui est offerte ou y répondre. Il lui faut bien plutôt juger que le moment est venu de se faire l'avocat, devant la femme amoureuse, de l'exigence morale et de la nécessité du renoncement, et d'obtenir d'elle qu'elle se départisse de sa demande et poursuive le travail analytique en surmontant la part animale de son moi.

Mais je ne répondrai pas à ces attentes, ni à la première ni à la seconde partie de celles-ci. À la première, parce que je n'écris pas pour la clientèle, mais pour des médecins, qui ont à lutter avec de sérieuses difficultés, et parce qu'en outre je puis ici ramener la prescription morale à son origine, c'est-à-dire à sa finalité. Je suis, cette fois-ci, dans l'heureuse situation de remplacer les droits d'octroi 312

a. En français dans le texte.

b. Cf. « Beitrag zur Lehre vom Widerstand » (Contribution à la doctrine de la résistance), *Zbl. Psychoanal.*, 1911, *1*, p. 214-219.

imposés par la morale[a] par des considérations de technique psychanalytique, sans changement du résultat.

Mais j'opposerai un refus encore plus résolu à la seconde partie de l'attente évoquée plus haut. Inviter à la répression pulsionnelle, au renoncement et à la sublimation, dès que la patiente a confessé son transfert d'amour, serait agir non pas analytiquement mais stupidement. Il n'en irait pas autrement si l'on voulait, par d'artificieuses conjurations, contraindre un esprit à sortir du monde souterrain pour le renvoyer ensuite sous terre sans l'avoir interrogé. On n'aurait fait alors qu'appeler le refoulé à la conscience, pour le refouler de nouveau avec effroi. Il n'y a pas lieu non plus de se faire d'illusions sur le succès d'un tel procédé. Face aux passions, comme on sait, on obtient peu de choses avec des discours sublimes. La patiente ne fera que ressentir l'outrage et ne manquera pas de s'en venger.

Je puis tout aussi peu conseiller un moyen terme qui se recommanderait à plus d'un par ce qu'il a de particulièrement raisonnable et qui consiste en ceci : on prétend répondre aux sentiments tendres de la patiente tout en se dérobant à tous les témoignages corporels de cette tendresse, jusqu'à ce qu'on puisse engager la relation dans des voies plus calmes et l'élever à un niveau supérieur. J'ai à objecter contre cet expédient que le traitement psychanalytique est bâti sur la véridicité. C'est en cela que réside une bonne part de son action éducative et de sa valeur éthique. Il est dangereux de quitter ce fondement. Quiconque est devenu familier de la technique analytique ne recourt plus du tout aux mensonges et aux faux-semblants, au demeurant indispensables au médecin, et il se trahit d'ordinaire s'il tente de le faire dans la meilleure intention. Étant donné que l'on exige du patient la plus stricte véridicité, on met toute son autorité en jeu si l'on se laisse surprendre par lui à s'écarter de la vérité. De plus, la tentative
313 de se laisser glisser sur la pente de sentiments tendres envers la patiente n'est pas tout à fait sans danger. On n'est pas maître de soi au point de n'être pas, un beau jour, allé soudain plus loin qu'on n'en avait l'intention. Je pense donc qu'on n'a pas le droit de désavouer[b] l'indifférence que l'on s'est acquise en refrénant le contre-transfert.

a. *das moralische Oktroi.*
b. *verleugnen.*

J'ai d'ailleurs déjà laissé deviner que la technique analytique fait obligation au médecin de refuser à la patiente, qui a besoin d'amour, la satisfaction demandée. Il faut que la cure soit pratiquée dans l'abstinence ; je ne pense pas seulement ici à la privation corporelle, ni non plus à la privation de tout ce que l'on désire, car cela, aucun malade peut-être ne le supporterait. Je veux au contraire poser ce principe qu'on doit laisser subsister chez la malade besoin et désirance, en tant que forces poussant au travail et au changement, et se garder de les apaiser par des succédanés. On ne pourrait évidemment offrir autre chose que des succédanés, puisque la malade, par suite de son état, n'est pas capable d'une satisfaction effective aussi longtemps que ses refoulements ne sont pas levés.

Avouons que le principe selon lequel la cure analytique doit être pratiquée dans la privation dépasse de loin le cas isolé examiné ici et qu'il requiert une discussion approfondie, permettant de fixer les limites de sa praticabilité. Nous éviterons toutefois de le faire ici et nous nous en tiendrons le plus étroitement possible à la situation dont nous sommes partis. Qu'adviendrait-il si le médecin procédait autrement et exploitait la liberté donnée pour ainsi dire des deux côtés, pour répondre à l'amour de la patiente et pour assouvir le besoin de tendresse de celle-ci ?

S'il devait se laisser guider ici par le calcul selon lequel il s'assurerait par une telle prévenance la domination sur la patiente et l'amènerait de la sorte à s'acquitter des tâches de la cure, donc à parvenir à une libération durable de sa névrose, l'expérience ne 314
manquerait pas de lui montrer qu'il s'est trompé dans son calcul. La patiente atteindrait son but, lui n'atteindrait jamais le sien. Il se serait seulement rejoué entre médecin et patiente ce qu'une histoire drôle raconte du pasteur et de l'agent d'assurances. Au chevet de l'agent d'assurances, incroyant et gravement malade, est appelé, à l'initiative des proches, un homme de piété qui doit le convertir avant sa mort. L'entretien dure si longtemps que ceux qui attendent prennent espoir. La porte de la chambre du malade s'ouvre enfin. L'incroyant n'a pas été converti, mais le pasteur repart assuré.

Ce serait un grand triomphe pour la patiente si ses avances amoureuses trouvaient une réponse et ce serait une totale défaite pour la cure. La malade aurait atteint ce vers quoi tendent tous les malades dans l'analyse : agir quelque chose, répéter dans la vie ce qu'elle doit seulement remémorer, reproduire en tant que matériel psychique et maintenir dans le domaine psychique[1]. Elle amènerait au jour dans le cours ultérieur du rapport amoureux toutes les inhibitions et réactions pathologiques de sa vie amoureuse, sans qu'une correction de celles-ci fût possible, et elle mettrait fin à cette pénible expérience vécue dans le repentir et dans un grand renforcement de son penchant au refoulement. Le rapport amoureux met justement un terme à la possibilité d'être influencé par le traitement analytique ; la réunion des deux est une monstruosité.

Le consentement à la demande d'amour de la patiente est donc tout aussi fatal pour l'analyse que la répression de cette demande. La voie de l'analyste est autre – une voie pour laquelle la vie réelle ne fournit aucun modèle. On se garde de s'écarter du transfert d'amour, de l'effaroucher ou d'en dégoûter la patiente ; on s'abstient, avec tout autant de constance, de toute réponse à celui-ci. On maintient le transfert d'amour, mais on le traite comme quelque
315 chose de non réel, comme une situation par laquelle il faut passer dans la cure, qu'il faut ramener à ses origines inconscientes, et qui aidera forcément ce qui est le plus caché dans la vie amoureuse de la malade à accéder à la conscience et, par là, à être maîtrisé. Plus on donne l'impression d'être soi-même invulnérable à toute tentation, plus on pourra extraire de la situation sa teneur analytique. La patiente, dont le refoulement sexuel n'est pourtant pas supprimé, mais est seulement poussé à l'arrière-plan, se sentira alors suffisamment en sécurité pour amener au jour toutes les conditions d'amour, toutes les fantaisies de sa désirance sexuelle, tous les caractères particuliers de son état amoureux, à partir de quoi elle ouvrira alors elle-même la voie aux fondements infantiles de son amour.

Pour une catégorie de femmes, cette tentative de conserver le transfert d'amour pour le travail analytique, sans le satisfaire, ne réussira d'ailleurs pas. Ce sont là des femmes dont la disposition passionnelle élémentaire ne supporte aucun succédané, des enfants de la nature qui ne veulent pas prendre le psychique en échange du maté-

1. Voir le précédent essai sur « Remémoration, répétition et perlaboration ». [Dans l'édition originale : Voir le IIe essai de la série.]

riel, qui ne sont, selon les paroles du poète, accessibles qu'à « de la logique de soupe avec des arguments de boulettes »[a]. Pour ces personnes on se trouve devant le choix : ou montrer de l'amour en retour ou s'attirer la totale hostilité de la femme outragée. Dans aucun des deux cas on ne peut ménager les intérêts de la cure. On est forcé de se retirer sans succès et l'on se trouvera face au problème de savoir comment l'aptitude à la névrose s'unit à un besoin d'amour si inflexible.

La manière dont on oblige d'autres amoureuses moins violentes à adopter progressivement la conception analytique pourrait bien s'être présentée, de la même façon, à de nombreux analystes. On soulignera avant tout la part évidente de la résistance dans cet « amour ». Un état amoureux véritable rendrait la malade docile et accroîtrait sa disponibilité à résoudre les problèmes de son cas, pour la seule raison que l'homme aimé l'exige. Une telle patiente choisirait 316 volontiers la voie passant par l'achèvement de la cure, pour se rendre précieuse au médecin et préparer la réalité dans laquelle le penchant amoureux pourrait trouver sa place. Au lieu de cela, la patiente se montrerait entêtée et désobéissante, aurait rejeté loin d'elle tout intérêt pour le traitement et n'aurait à l'évidence aucune considération pour les convictions profondément motivées du médecin. Elle produirait ainsi une résistance en la manifestant sous la forme de l'état amoureux et n'aurait en outre aucun scrupule à mettre l'analyste dans la situation de ce qu'on appelle « double moulin »[b]. Car s'il opposait une fin de non-recevoir, ce à quoi l'obligent son devoir et sa compréhension, elle pourrait jouer l'outragée et se soustraire alors, par esprit de vengeance et par rancœur, à la guérison par lui, comme elle le fait maintenant à cause du prétendu état amoureux.

Comme second argument contre l'authenticité de cet amour, on affirmera que ce dernier ne revêt pas un seul trait nouveau prove-

a. *« für Suppenlogik mit Knödelargumenten »*. Citation approximative d'un poème posthume de Heine, « Die Wanderraten » (Les rats migrateurs) : *« Im hungrigen Magen Eingang finden, / Nur Suppenlogik mit Knödelgründen / Nur Argumente von Rinderbraten »* (« Dans le ventre affamé ne trouvent accès / que de la logique de soupe aux raisons de boulettes / que des arguments de rôti de bœuf. »)

b. Situation, au jeu de la marelle assise, dans laquelle un pion, bloqué à droite et à gauche, est irrémédiablement perdu.

nant de la situation présente, mais se compose entièrement de répétitions et de décalques de réactions antérieures, y compris infantiles. On se fera fort de prouver cela par l'analyse détaillée du comportement amoureux de la patiente.

Si l'on ajoute encore à ces arguments la mesure requise de patience, on réussit la plupart du temps à surmonter cette situation difficile et, que l'on soit en présence d'un état amoureux mesuré ou d'un état amoureux « sens dessus dessous », à poursuivre le travail, dont le but est alors la mise à découvert du choix d'objet infantile et des fantaisies qui se sont tissées autour de lui. Toutefois, j'aimerais apporter un éclairage critique sur les arguments déjà mentionnés et soulever cette question : avec ces arguments, disons-nous la vérité à la patiente, ou bien, dans la nécessité où nous nous trouvions, avons-nous eu recours à des dissimulations et à des déformations ? En d'autres termes : l'état amoureux qui devient manifeste dans la cure analytique ne peut-il pas être effectivement qualifié de réel ?

317 J'estime que nous avons dit la vérité à la patiente, mais non pas toute la vérité, celle qui ne se soucie pas du résultat. De nos deux arguments, le premier est le plus fort. La part de la résistance dans l'amour de transfert est incontestable et très considérable. La résistance n'a pourtant pas créé cet amour, elle le trouve déjà là, s'en sert et exagère ses manifestations. La résistance n'enlève d'ailleurs rien de sa force à l'authenticité du phénomène. Notre second argument est bien plus faible ; il est vrai que cet état amoureux consiste en rééditions de traits anciens et répète des réactions infantiles. Mais c'est là le caractère essentiel de tout état amoureux. Il n'en est aucun qui ne répète des prototypes infantiles. C'est justement ce qui constitue son caractère marqué de contrainte, évoquant le pathologique, qui provient de son conditionnement infantile. L'amour de transfert a peut-être un degré de liberté moindre que l'amour survenant dans la vie et qualifié de normal, il permet de reconnaître plus clairement sa dépendance à l'égard de l'état préalable infantile, il se montre moins souple et moins apte à la modification, mais c'est bien tout et ce n'est pas l'essentiel.

À quoi, par ailleurs, doit-on reconnaître l'authenticité d'un amour ? À sa capacité de réalisation, au fait qu'il se prête à imposer le but amoureux ? Sur ce point, l'amour de transfert semble ne le céder à nul autre ; on a l'impression qu'on pourrait tout obtenir de lui.

Résumons donc : on n'a nullement le droit de contester à l'état amoureux se montrant au grand jour dans le traitement analytique le caractère d'un amour « authentique ». S'il apparaît si peu normal, cela s'explique suffisamment par le fait que même l'état amoureux habituel, en dehors de la cure analytique, rappelle davantage les phénomènes animiques anormaux que ceux qui sont normaux. Néanmoins il se distingue par quelques traits qui lui assurent une position particulière. Il est 1) provoqué par la situation analytique, 2) exacerbé par la résistance qui domine cette situation, et 3) il est 318
privé à un haut degré de tout égard pour la réalité, il est plus déraisonnable, plus insoucieux de ses conséquences, plus aveuglé dans son estimation de la personne aimée que tout ce que nous voulons bien concéder à un état amoureux normal. Nous n'avons pourtant pas le droit d'oublier que ce sont justement ces traits s'écartant de la norme qui constituent l'essentiel de l'état amoureux.

C'est la première des trois particularités de l'amour de transfert, ici mentionnées, qui est déterminante pour la conduite du médecin. En engageant le traitement analytique pour guérir la névrose, il a fait surgir cet état amoureux. Celui-ci est pour lui le résultat inévitable d'une situation médicale analogue à la dénudation corporelle d'un malade ou à la communication d'un secret d'importance vitale. Ainsi il est bien établi pour lui qu'il ne doit en tirer aucun avantage personnel. La disponibilité de la patiente n'y change rien, elle fait seulement basculer toute la responsabilité sur sa personne à lui. La malade, comme il le sait bien, n'était évidemment préparée à aucun autre mécanisme de guérison. Après avoir heureusement surmonté toutes les difficultés, elle avoue souvent la fantaisie d'attente avec laquelle elle était entrée dans la cure : si elle se conduisait comme il faut, elle serait, à la fin, récompensée par la tendresse du médecin.

Or pour le médecin, des motifs éthiques s'unissent aux motifs techniques pour le retenir de donner des gages d'amour à la malade. Il ne doit pas perdre de vue ce qui est le but, à savoir que la femme, handicapée dans sa capacité d'amour par des fixations infantiles, accède à la libre disposition de cette fonction, pour elle inestimablement importante, mais ne la dépense pas dans la cure, la réservant au contraire pour la vie réelle, lorsque, après le traitement, les exigences de celle-ci se présentent à elle. Il n'a pas le droit de jouer avec elle la

scène de la course de chiens, où le prix qui est exposé est une cou-
319 ronne de saucisses, et qu'un plaisantin vient gâcher en jetant sur la
piste une seule et unique saucisse. C'est sur elle que les chiens se ruent
et ils en oublient la course, ainsi que la couronne qui, au loin, fait
signe au vainqueur. Je ne prétends pas affirmer qu'il sera toujours
facile au médecin de se tenir à l'intérieur des limites prescrites à lui
par l'éthique et la technique. En particulier un homme relativement
jeune, et qui n'a pas encore noué de liens solides, peut bien ressentir
la tâche comme rude. Indubitablement, l'amour sexué est un des
contenus principaux de la vie et l'union de la satisfaction animique et
de la satisfaction corporelle dans la jouissance amoureuse en est juste-
ment un des sommets. Tous les hommes, à l'exception de rares fana-
tiques détraqués, savent cela et règlent leur vie là-dessus ; ce n'est que
dans la science qu'on fait des manières pour en convenir. D'un autre
côté, c'est pour l'homme un rôle pénible, quand la femme est en
quête d'amour, que de jouer le rôle de celui qui écarte et refuse, et,
d'un être féminin plein de noblesse qui déclare sa passion, il émane,
en dépit de la névrose et de la résistance, un charme incomparable.
Ce n'est pas la demande grossièrement sensuelle de la patiente qui
instaure la tentation. Cette demande agit bien plutôt comme un
repoussoir et mobilise toute notre tolérance pour que nous lui accor-
dions la valeur d'un phénomène naturel. Ce sont peut-être, chez la
femme, les motions de souhait plus raffinées et inhibées quant au but
qui entraînent le danger d'oublier la technique et la tâche médicale en
vivant une belle expérience.

Et pourtant il reste exclu que l'analyste cède. Si haut qu'il estime
l'amour, il doit mettre encore plus haut l'occasion qu'il a de faire
franchir à sa patiente une étape décisive de sa vie. Elle a à
apprendre de lui le surmontement du principe de plaisir, le renonce-
ment à une satisfaction toute proche mais non inscrite dans l'ordre
social, au profit d'une satisfaction plus éloignée, tout compte fait
peut-être plus incertaine, mais psychologiquement comme sociale-
ment irréprochable. Aux fins de ce surmontement, elle doit être
conduite à travers les époques originaires de son développement ani-
320 mique et, par cette voie, acquérir ce surcroît de liberté animique par
lequel l'activité d'âme consciente – au sens systématique – se diffé-
rencie de l'inconsciente.

Le psychothérapeute analyste a ainsi à mener un triple combat, au fond de lui-même contre les puissances qui voudraient le faire déchoir du niveau analytique, en dehors de l'analyse contre les adversaires qui lui contestent la significativité des forces de pulsion sexuelles et lui défendent de se servir d'elles dans sa technique scientifique, et dans l'analyse contre ses patients qui, au début, se comportent comme les adversaires, mais qui ensuite témoignent de la surestimation de la vie sexuelle qui les domine, et veulent, avec leurs dispositions passionnelles socialement indomptées, emprisonner le médecin.

Les profanes, dont j'ai évoqué au début l'attitude à l'égard de la psychanalyse, prendront certainement aussi occasion de ces discussions sur l'amour de transfert pour diriger l'attention du monde sur la dangerosité de cette méthode thérapeutique. Le psychanalyste sait qu'il travaille avec les forces les plus explosives et qu'il lui faut la même prudence et la même scrupulosité que le chimiste. Mais quand a-t-il donc jamais été interdit au chimiste de s'occuper de matières explosives, indispensables de par leurs effets, au nom de leur dangerosité ? Il est curieux que la psychanalyse doive se mettre à reconquérir pour son compte toutes les licences qui sont concédées depuis longtemps à d'autres activités médicales. Je ne suis certes pas d'avis qu'il faille abandonner les méthodes de traitement inoffensives. Elles sont suffisantes pour bien des cas, et finalement la société humaine a tout aussi peu besoin de la *furor sanandi*[a] que de n'importe quel autre fanatisme. Mais c'est gravement sous-estimer les psychonévroses, quant à leur provenance et leur significativité pratique, que de croire que ces affections ne pourraient être vaincues que par des opérations aux petits moyens inoffensifs. Non, dans la pratique médicale, il restera toujours à côté de la *medicina* une place pour le *ferrum* 321
et pour l'*ignis*[b], et ainsi ne sera-t-il pas possible non plus de se priver de la psychanalyse, non édulcorée, menée dans les règles de l'art, qui ne craint pas de manier les motions animiques les plus dangereuses et de les maîtriser pour le bien du malade.

a. fureur de guérir.

b. Allusion à l'aphorisme VII, 87 d'Hippocrate : « Ce que la médication *(medicina)* ne guérit pas, le fer *(ferrum)* le guérit ; ce que le fer ne guérit pas, le feu *(ignis)* le guérit ; ce que le feu ne guérit pas doit être regardé comme incurable. » (Traduction Littré, *Œuvres complètes d'Hippocrate*, t. 4, p. 609, Paris, J. B. Baillière, 1844.)

Les voies de la thérapie psychanalytique*

* *OCF.P*, XV, p. 99-108 ; *GW*, XII, p. 183-194.

WEGE DER PSYCHOANALYTISCHEN THERAPIE
1918 [1919 *a*]

Première publication

1919 *Int. Z. Psychoanal.*, *5* (2), p. 61-68.

Principales éditions allemandes

1922 *Sammlung kleiner Schriften zur Neurosenlehre, 5,* p. 146-158.
1925 *Gesammelte Schriften,* t. VI, p. 136-147.
1947 *Gesammelte Werke,* t. XII, p. 183-194.
1975 *Studienausgabe, Ergänzungsband,* p. 241-249.

Traduction anglaise

1955 *Standard Edition,* t. XVII, p. 159-168 : Lines of Advance in Psycho-Analytic Therapy.

Traduction française

1953 Les voies nouvelles de la thérapeutique psychanalytique, traduit par A. Berman, *in* S. Freud, *De la technique psychanalytique,* Paris, Presses Universitaires de France, p. 131-141.

Communication lue par Freud au Ve Congrès international de psychanalyse, qui se tint les 28 et 29 septembre 1918 à Budapest. Il l'avait préparée en juillet lors de son bref séjour à Steinbruch, en Hongrie. Elle fut publiée en 1919.

LES VOIES
DE LA THÉRAPIE PSYCHANALYTIQUE

Messieurs et chers collègues, 183

Comme vous le savez, nous ne nous sommes jamais targués de la complétude et du parachèvement de notre savoir et de notre pouvoir ; nous sommes toujours prêts, maintenant aussi bien qu'autrefois, à convenir des imperfections de notre connaissance, à apprendre quelque chose de nouveau qui s'y ajoute, et à modifier dans notre démarche ce qui peut être remplacé par quelque chose de meilleur.

Puisque nous voici une nouvelle fois rassemblés après de longues années de séparation difficiles à vivre, je me sens porté à reconsidérer l'état de notre thérapie, à laquelle, n'est-ce pas, nous sommes redevables de notre situation dans la société humaine et à passer en revue les directions nouvelles dans lesquelles elle pourrait se développer.

Nous avons énoncé que notre tâche médicale était d'amener le malade névrosé à la connaissance des motions refoulées, inconscientes, existant en lui et, à cette fin, de mettre à découvert les résistances qui se rebellent en lui contre de telles extensions de ce qu'il sait de sa propre personne. Avec la mise à découvert de ces résis- 184
tances leur surmontement est-il pour autant garanti ? Assurément pas toujours, mais nous espérons atteindre ce but en exploitant le transfert du malade sur la personne du médecin pour que devienne sienne notre conviction que les processus de refoulement survenus dans l'enfance sont inappropriés et qu'une vie selon le principe de plaisir est impraticable. Les rapports dynamiques du nouveau conflit, que nous faisons traverser au malade, l'ayant mis chez lui à la place du conflit morbide antérieur, ont été mis au clair par moi ailleurs[a]. Je ne saurais pour l'heure rien y changer.

a. Cf. « Erinnern, Wiederholen und Durcharbeiten » (Remémoration, répétition et perlaboration), *GW*, X ; *OCF.P*, XII ; *supra*, p. 131-140.

Le travail par lequel nous amenons à la conscience du malade ce qu'il y a en lui d'animique refoulé, nous l'avons appelé psychanalyse. Pourquoi « analyse », ce qui signifie démontage, décomposition, et fait penser à une analogie avec le travail du chimiste sur les substances qu'il trouve dans la nature et ramène dans son laboratoire ? Parce qu'une telle analogie existe effectivement sur un point important. Les symptômes et les manifestations morbides du patient sont, comme toutes ses activités animiques, d'une nature hautement composée. Les éléments de cette composition sont en fin de compte des motifs, des motions pulsionnelles, mais de ces motifs élémentaires le malade ne sait rien ou rien que de très insuffisant. Nous lui enseignons alors comment comprendre la composition de ces formations animiques hautement compliquées, ramenant les symptômes aux motions pulsionnelles qui les motivent, mettant en évidence dans les symptômes ces motifs pulsionnels jusque-là inconnus du malade, tout comme le chimiste extrait la substance fondamentale, l'élément chimique, de ce sel dans lequel il était devenu méconnaissable par sa liaison à d'autres éléments. Et de même nous montrons au malade, à propos de ses manifestations animiques non considérées comme morbides, que leurs motivations ne lui étaient qu'imparfaitement conscientes, qu'en elles ont agi conjointement
185 d'autres motifs pulsionnels qui lui sont restés inconnus.

Le mouvement des tendances sexuelles des êtres humains, nous l'avons lui aussi expliqué en le démontant en ses composantes, et quand nous interprétons un rêve, nous procédons de telle façon que nous négligeons le rêve en tant que tout et rattachons l'association aux éléments du rêve pris un à un.

De cette comparaison justifiée de l'activité médicale psychanalytique avec un travail chimique pourrait dès lors résulter une incitation à donner une nouvelle direction à notre thérapie. Nous avons analysé le malade, c'est-à-dire démonté son activité animique en ses constituants élémentaires, faisant voir en lui ces éléments pulsionnels pris un à un et isolément ; comment alors ne pas exiger que nous lui venions obligatoirement en aide dans la mise en place d'une nouvelle et meilleure composition de ces éléments ? Vous savez que cette exigence a d'ailleurs été effectivement avancée. Nous nous sommes entendu dire : après l'analyse de cette vie d'âme malade doit nécessairement venir la synthèse de celle-ci ! Et à cela se sont bientôt rattachés aussi l'appréhension qu'on puisse donner trop d'analyse et trop peu de synthèse, ainsi que l'effort déployé pour reporter le poids principal de l'action psychothérapeutique sur cette synthèse, sorte de réinstauration de ce qui fut en quelque sorte détruit par la vivisection.

Je ne puis pourtant pas croire, Messieurs, que dans cette psychosynthèse une nouvelle tâche nous incombe. Si je pouvais me permettre d'être sincère et impoli, je dirais qu'il s'agit là d'une belle phrase vide de pensée. Je me contente de remarquer qu'il n'y a là que l'extrapolation sans contenu d'une comparaison ou, si vous voulez, l'exploitation injustifiée d'une dénomination. Mais un nom n'est qu'une étiquette mise là pour faire une différence avec quelque chose d'autre analogue, il n'est pas un programme, pas une indication de contenu ni une définition. Et une comparaison n'a besoin de toucher qu'en un point le comparé et peut s'en éloi- 186
gner largement sur tous les autres. Le psychique est quelque chose de si unique et particulier qu'aucune comparaison isolée ne peut en restituer la nature. Le travail psychanalytique offre des analogies avec l'analyse chimique, mais tout autant avec l'intervention du chirurgien ou l'action de l'orthopédiste ou l'influence de l'éducateur. La comparaison avec l'analyse chimique trouve sa limitation dans le fait que nous avons affaire dans la vie d'âme à des tendances qui tombent sous le coup d'une contrainte à l'unification et au regroupement. Si nous avons réussi à décomposer un symptôme, à libérer d'une corrélation une motion pulsionnelle, celle-ci ne reste pas isolée, mais entre aussitôt dans une nouvelle corrélation[1].

C'est même le contraire ! Le malade névrosé nous apporte une vie d'âme déchirée, disloquée par des résistances, et tandis que nous pratiquons sur elle l'analyse, éliminant les résistances, cette vie d'âme se regroupe, la grande unité que nous appelons son moi s'agrège toutes les motions pulsionnelles qui étaient jusqu'à présent séparées d'elle par clivage et liées d'autre part. C'est ainsi que chez celui qui est

1. Il se produit bien pendant l'analyse chimique quelque chose de tout à fait analogue. En même temps que les isolations que le chimiste obtient par contrainte s'effectuent des synthèses non voulues par lui, grâce aux affinités libérées et à l'apparentement électif des substances.

traité par l'analyse la psychosynthèse s'effectue sans notre intervention, automatiquement et inéluctablement. Par la décomposition des symptômes et la suppression des résistances nous en avons créé les conditions. Il n'est pas vrai que dans le malade soit démonté en ses constituants quelque chose qui attend alors tranquillement que nous le recomposions d'une manière ou d'une autre.

Le développement de notre thérapie empruntera donc sans doute d'autres voies, avant tout celles que Ferenczi a récemment caractérisées dans son travail sur les « Difficultés techniques d'une analyse d'hystérie »[a] (Internat. Zschr. f. Psychoanalyse, V, 1919) comme étant l'« activité » de l'analyste.

187 Mettons-nous rapidement d'accord sur ce qu'il faut comprendre par cette activité. Nous avons cerné notre tâche thérapeutique au moyen de ces deux contenus : rendre conscient le refoulé et mettre à découvert les résistances. Ce faisant, nous ne sommes certes pas peu actifs. Mais devons-nous nous en remettre au malade pour venir tout seul à bout des résistances qu'on lui a fait voir ? Ne pouvons-nous ici lui apporter aucune autre aide que celle qu'il doit à l'impulsion du transfert ? Ne sommes-nous pas au contraire portés à l'aider en le mettant dans la situation psychique qui est précisément la plus favorable à la liquidation souhaitée du conflit ? Sa performance est pourtant dépendante d'un grand nombre de circonstances extérieures formant constellation. Devons-nous alors avoir scrupule à modifier adéquatement cette constellation par notre intervention ? J'estime qu'une telle activité du médecin qui traite par l'analyse est irréprochable et parfaitement justifiée.

Vous remarquerez que s'ouvre ici pour nous un nouveau domaine de la technique analytique dont l'élaboration requerra des efforts approfondis et donnera lieu à des prescriptions tout à fait déterminées. Je ne tenterai pas aujourd'hui de vous introduire à cette technique encore en voie de développement, mais me contenterai de mettre en relief un principe appelé vraisemblablement à régner sur ce domaine. Le voici : la cure analytique doit autant que possible être conduite dans la privation – l'abstinence.

a. « Technische Schwierigkeiten einer Hysterieanalyse ».

Pour savoir dans quelle mesure il est possible d'établir ceci, on s'en remettra à une discussion détaillée. Par abstinence il ne faut toutefois pas comprendre la privation de toute satisfaction – cela serait naturellement impraticable, ni non plus ce qu'on comprend par là au sens populaire : l'abstention du commerce sexuel, mais quelque chose d'autre qui a bien davantage à faire avec la dynamique de l'entrée en maladie et du rétablissement.

Vous vous souvenez que c'est un refusement qui a fait du 188
patient un malade, que ses symptômes lui rendent le service d'être des formations substitutives. Vous pouvez observer pendant la cure que toute amélioration de son état de souffrance ralentit le tempo du rétablissement et diminue la force pulsionnelle qui pousse à la guérison. Nous ne pouvons pourtant pas renoncer à cette force pulsionnelle ; une diminution de celle-ci est dangereuse pour notre visée curative. Quelle conséquence s'impose donc inéluctablement à nous ? Aussi cruel que cela paraisse, il nous faut veiller à ce que la souffrance du malade, à un plus ou moins grand degré d'efficience, ne trouve pas une fin prématurée. Quand cette souffrance a été modérée par la décomposition et la dévalorisation des symptômes, il nous faut l'ériger de nouveau quelque part ailleurs sous forme d'une privation notable, faute de quoi nous courrons le danger de ne jamais atteindre plus que des améliorations modestes et qui ne tiennent pas.

À ce que je vois, le danger menace particulièrement de deux côtés. D'une part le patient, dont l'état de maladie a été ébranlé par l'analyse, s'efforce avec la plus grande application de se créer, en lieu et place de ses symptômes, de nouvelles satisfactions substitutives auxquelles manque maintenant le caractère de souffrance. Il se sert de la formidable capacité de déplacement de la libido, devenue partiellement libre, pour investir de libido les activités, préférences et habitudes les plus variées, même celles qui ont déjà existé antérieurement, et pour les élever au rang de satisfactions substitutives. Il ne cesse de trouver de nouvelles déviations de cette sorte, par lesquelles s'échappe l'énergie requise pour le fonctionnement de la cure, et il sait pour un temps les tenir secrètes. On a pour tâche de détecter toutes ces voies écartées et de réclamer chaque fois de lui le renoncement, si anodine que puisse paraître en soi l'activité menant à la satisfaction. Mais celui qui est à moitié

guéri peut d'ailleurs emprunter aussi des voies moins anodines, par exemple, s'il est un homme, en cherchant à se lier précipitamment à une femme. Remarquons en passant que mariage malheureux et
189 dépérissement corporel sont les relais les plus courants de la névrose. Ils satisfont en particulier la conscience de culpabilité (besoin de punition) qui fait que beaucoup de malades restent si obstinément attachés à leur névrose. Par un choix conjugal maladroit ils se punissent eux-mêmes ; ils acceptent un long état de maladie organique comme une punition du destin et renoncent alors fréquemment à une continuation de la névrose.

L'activité du médecin, dans toutes les circonstances de ce genre, doit se manifester par une intervention énergique contre les satisfactions substitutives précipitées. Mais il lui sera plus facile de se préserver contre le second danger dont est menacée la force de pulsion de l'analyse, un danger à ne pas sous-estimer. Le malade cherche avant tout la satisfaction substitutive dans la cure elle-même, dans le rapport de transfert au médecin, et il peut même tendre à se dédommager par cette voie de tout le renoncement qui lui a été par ailleurs imposé. Certes, il faut bien qu'on lui accorde quelque chose, plus ou moins selon la nature du cas et la spécificité du malade. Mais il n'est pas bon que cela fasse trop. Celui qui, ayant, par exemple, un cœur débordant le disposant à aider, dispense au malade, en tant qu'analyste, tout ce qu'un homme peut espérer d'un autre, commet la même faute économique que celle dont se rendent coupables nos établissements de soins non analytiques pour nerveux. Ceux-ci ne visent à rien d'autre qu'à rendre au malade l'existence aussi agréable que possible, afin qu'il s'y sente bien et qu'il aime à revenir s'y réfugier pour se soustraire aux difficultés de la vie. Ce faisant, ils renoncent à le rendre plus fort pour la vie et plus performant pour ses véritables tâches. Dans la cure analytique, il faut que soit évitée toute gâterie de ce genre. Le malade, en ce qui concerne son rapport au médecin, doit avoir en reste une profusion de souhaits inaccomplis. Il est approprié de lui refuser justement les satisfactions qu'il souhaite avec le plus d'intensité et manifeste avec le plus d'insistance.

Je ne crois pas avoir épuisé dans toute son ampleur l'activité qu'on souhaite être celle du médecin, en énonçant : dans la cure

doit être maintenue la privation. Une autre orientation de l'activité 190
analytique a déjà été jadis, comme vous vous en souviendrez, un point de litige entre nous et l'École suisse[a]. Nous avons délibérément refusé[b] de faire du patient qui, cherchant de l'aide, se remet entre nos mains, notre bien propre, de façonner pour lui son destin, de lui imposer nos idéaux et, avec l'orgueil du créateur, de le modeler à notre image, dans laquelle nous sommes censés mettre toutes nos complaisances. Aujourd'hui encore, je reste fermement attaché à ce refus[c], estimant qu'est ici à sa place la discrétion médicale à laquelle nous devons passer outre en d'autres circonstances ; j'ai aussi appris par expérience que l'intention thérapeutique ne requiert absolument pas qu'on aille aussi loin dans l'activité envers le patient. Car j'ai pu aider des gens auxquels ne me liait pas la moindre communauté de race, d'éducation, de position sociale et de vision du monde, sans les troubler dans ce qu'ils ont de spécifique. Autrefois, à l'époque de ces litiges, j'ai d'ailleurs eu l'impression que la protestation de nos représentants – je crois que c'était en première ligne E. Jones – a pris un tour beaucoup trop abrupt et absolu. Nous ne pouvons éviter d'accepter également des patients qui sont à ce point inconsistants et inaptes à l'existence que l'on est obligé d'associer chez eux l'influence analytique à l'influence éducative, et même chez la plupart des autres se présentera ici ou là une occasion où le médecin est obligé de se mettre en position d'éducateur et de conseiller. Mais cela doit se faire chaque fois avec grand ménagement et le malade ne doit pas être éduqué afin de nous ressembler, mais afin de libérer et parfaire son être propre.

Notre ami vénéré, J. Putnam[d], de cette Amérique qui nous est actuellement si hostile, nous pardonnera de ne pouvoir accepter non plus son exigence : que la psychanalyse veuille bien se mettre
au service d'une vision du monde philosophique déterminée et 191
imposer celle-ci au patient avec pour fin son ennoblissement. Lais-

a. Cf. « Zur Geschichte der psychoanalytischen Bewegung » (Contribution à l'histoire du mouvement psychanalytique), *GW*, X ; *OCF.P*, XII ; chap. III.

b. *ablehnen*.

c. *Ablehnung*.

d. James Jackson Putnam (1846-1918).

sez-moi dire qu'il n'y a pourtant là que violence, même si elle est couverte par les intentions les plus nobles.

Une dernière activité d'une tout autre sorte nous est imposée, du fait que progressivement nous nous rendons mieux compte que les diverses formes de maladie traitées par nous ne peuvent être liquidées par la même technique. Il serait prématuré de discuter de cela en détail, mais je puis expliciter sur deux exemples dans quelle mesure une nouvelle activité entre ici en ligne de compte. Notre technique a grandi avec le traitement de l'hystérie et elle ne cesse d'être toujours réglée sur cette affection. Mais déjà les phobies nous obligent à aller au-delà de ce qui est jusqu'à présent notre comportement. On ne devient guère maître d'une phobie si l'on attend que le malade soit amené par l'analyse à l'abandonner. Il n'apporte alors jamais à l'analyse ce matériel qui est indispensable à la résolution convaincante de la phobie. On doit procéder autrement. Prenez l'exemple des agoraphobes ; il y en a deux classes, une légère et une grave. Les premiers ont certes à souffrir de l'angoisse chaque fois qu'ils vont seuls dans la rue, mais ils ne se sont pas encore privés pour autant d'aller seuls ; les autres se protègent de l'angoisse en renonçant à aller seuls. Chez ces derniers on n'obtient alors de succès que si l'on peut les amener par l'influence de l'analyse à se conduire de nouveau comme des phobiques du premier degré, donc à aller dans la rue et, pendant cette tentative, à combattre contre l'angoisse. On s'arrange donc tout d'abord pour réduire la phobie jusque-là, et ce n'est qu'une fois ce résultat atteint par l'exigence du médecin que le malade entre en possession de ces idées incidentes et souvenirs qui rendent possible la résolution de la phobie.

Une attente passive semble encore moins indiquée dans les cas
192 graves d'actions de contrainte, qui en général inclinent en effet vers un processus de guérison « asymptotique », vers une durée de traitement infinie, et dont l'analyse court toujours le danger d'amener beaucoup de choses au jour et de ne rien changer. Il me semble peu douteux que la bonne technique puisse seulement consister ici à attendre que la cure soit elle-même devenue contrainte, pour réprimer alors violemment avec cette contre-contrainte la contrainte de la maladie. Vous comprenez cependant que dans ces deux cas je

n'ai fait que vous soumettre des échantillons des nouveaux développements vers lesquels s'achemine notre thérapie.

Et maintenant je voudrais pour conclure envisager une situation relevant d'un avenir qui à beaucoup d'entre vous paraîtra fantastique, mais qui pourtant mériterait selon moi qu'on s'y préparât en pensée. Vous savez que notre efficacité thérapeutique n'est pas très intense. Nous ne sommes qu'une poignée de gens et chacun d'entre nous, même au prix d'un travail acharné, ne peut en un an se consacrer qu'à un très petit nombre de malades. Face à l'immensité de la misère névrotique existant dans le monde, et dont on se passerait bien, ce que nous pouvons en éliminer n'entre guère en ligne de compte quantitativement. En outre, nous sommes restreints, par les conditions de notre existence, aux couches supérieures aisées de la société, qui ont coutume de choisir elles-mêmes leur médecin et qui, lors de ce choix, sont détournées de la psychanalyse par tous les préjugés possibles. Pour les larges couches populaires, qui souffrent énormément des névroses, nous ne pouvons pour l'instant rien faire.

Admettons maintenant que par une quelconque organisation nous réussissions à augmenter notre nombre au point de suffire au traitement de plus grandes masses humaines. Voici, d'autre part, ce qui est à prévoir : un jour ou l'autre, la conscience morale de la société s'éveillera et elle lui rappellera que le pauvre a tout aussi bien droit à l'aide animique qu'à celle que de nos jours il a déjà, l'aide chirurgicale qui lui sauve la vie, et que les névroses ne mena- 193
cent pas moins la santé du peuple que la tuberculose et peuvent être tout aussi peu que celle-ci abandonnées à l'assistance impuissante de tel ou tel membre du peuple. Alors seront édifiés des établissements ou des instituts de consultation auxquels seraient affectés des médecins formés à la psychanalyse afin de rendre, par l'analyse, capables de résistance et d'activité les hommes qui sans cela s'adonneraient à la boisson, les femmes qui menacent de s'effondrer sous le poids des renonciations, les enfants qui n'ont le choix qu'entre la sauvagerie et la névrose. Ces traitements seront non payants. Il faudra peut-être longtemps avant que l'État ressente ces obligations comme urgentes. Les circonstances présentes retarderont peut-être encore plus longtemps le délai ; il est probable

que c'est la bienfaisance privée qui fera démarrer de tels instituts ; mais un jour ou l'autre il faudra bien en arriver là[a].

C'est alors que s'offrira à nous la tâche d'adapter notre technique aux nouvelles conditions. Je ne doute pas que la pertinence de nos hypothèses psychologiques ne fasse impression sur l'homme non cultivé, mais il nous faudra rechercher pour nos doctrines théoriques l'expression la plus simple et la plus saisissable. Nous ferons vraisemblablement l'expérience que le pauvre est encore moins prêt que le riche à renoncer à sa névrose, parce que la vie dure qui l'attend ne le tente pas et qu'être malade constitue pour lui un droit supplémentaire de prétendre à l'aide sociale. Sans doute ne pourrons-nous souvent aboutir à quelque chose que si, à la manière de l'empereur Joseph[b], nous pouvons associer l'aide animique au soutien matériel. Nous serons aussi très vraisemblablement obligés, dans l'application de notre thérapie à la masse, d'allier abondamment l'or pur de l'analyse au cuivre de la suggestion directe, et même l'influencement hypnotique pourrait retrouver là une place, aussi bien que dans le traitement des névrosés de guerre. Mais,
194 quelle que soit la configuration que puisse prendre pour le peuple cette psychothérapie, quels que soient les éléments dont elle puisse se composer, ses parties constituantes les plus efficientes et les plus importantes resteront à coup sûr celles qui auront été empruntées à la psychanalyse rigoureuse, celle qui est exempte de toute tendance.

a. À l'époque de ce texte, A. von Freund projetait la création d'un tel institut.

b. Allusion à l'action philanthropique de l'empereur Joseph II d'Autriche (1741-1790). Cf. *supra*, p. 118, n. a.

Index des personnes, des personnages et des œuvres

Index des matières

Principales abréviations

ŒUVRES DE FREUD

SKSN	*Sammlung kleiner Schriften zur Neurosenlehre,* Leipzig und Wien, Hugo Heller u. Cie, 1906-1922 (5 vol.)
GS	*Gesammelte Schriften,* Leipzig, Wien und Zürich, Internationaler Psychoanalytischer Verlag, 1924-1934 (12 vol.)
GW I à XVII	*Gesammelte Werke,* Frankfurt am Main, S. Fischer Verlag, à partir de 1960
XVIII	*Id., Gesamtregister,* 1968
NB	*Id., Nachtragsband,* 1987
SA	*Studienausgabe,* Frankfurt am Main, S. Fischer Verlag, à partir de 1969 (11 vol.)
SE	*The Standard Edition of the Complete Psychological Works* of Sigmund Freud, London, Hogarth Press, à partir de 1953 (24 vol.)
OCF.P	*Œuvres complètes de Freud (Psychanalyse),* Paris, Presses Universitaires de France, à partir de 1988 (21 vol.)
Anfänge	*Aus den Anfängen der Psychoanalyse,* London, 1950
Dichtung und Kunst	*Psychoanalytische Studien an Werken der Dichtung und Kunst,* Wien, 1924
Neurosenlehre und Technik	*Schriften zur Neurosenlehre und zur psychoanalytischen Technik* (1913-1926), Wien, 1931
Psychoanalyse der Neurosen	*Studien zur Psychoanalyse der Neurosen aus den Jahren 1913-1925,* Wien, 1926
Sexualtheorie und Traumlehre	*Kleine Schriften zur Sexualtheorie und zur Traumlehre,* Wien, 1931
Technik und Metapsychol.	*Zur Technik der Psychoanalyse und zur Metapsychologie,* Wien, 1924
Theoretische Schriften	*Theoretische Schriften* (1911-1925), Wien, 1931
Traumlehre	*Kleine Beiträge zur Traumlehre,* Wien, 1925
Vier Krankengeschichten	*Vier psychoanalytische Krankengeschichten,* Wien, 1932

AUTRES PUBLICATIONS

Int. Z. Psychoanal.	*Internationale Zeitschrift für (ärztliche) Psychoanalyse*
Jb. psychoanal. psychopath. Forsch.	*Jahrbuch für psychoanalytische und psychopathologische Forschungen*
Rev. franç. Psychanal.	*Revue française de Psychanalyse*
Zbl. Psychoanal.	*Zentralblatt für Psychoanalyse*

OCF.P
LES ŒUVRES COMPLÈTES DE FREUD.PSYCHANALYSE

FORMAT POCHE / COLLECTION

Quadrige
GRANDS TEXTES

- **L'avenir d'une illusion**
- **Cinq psychanalyses**
  Dora
  Le petit Hans
  L'Homme aux rats
  Le Président Schreber
  L'Homme aux loups
- **L'Homme aux loups**
  À partir de l'histoire d'une névrose infantile
- **L'Homme aux rats**
  Remarques sur un cas de névrose de contrainte
- **Inhibition, symptôme et angoisse**
- **Le petit Hans**
  Analyse de la phobie d'un garçon de cinq ans
- **Le Président Schreber**
  Remarques psychanalytiques sur un cas de paranoïa (dementia paranoides) décrit sous forme autobiographique

JANVIER 2010

- **Au-delà du principe de plaisir**
- **De la psychanalyse**
- **Le délire et les rêves dans la « Gradiva » de W. Jensen**
- **Leçons d'introduction à la psychanalyse**
- **Le malaise dans la culture**
- **Métapsychologie**
- **Nouvelle suite des leçons d'introduction à la psychanalyse**
- **La première théorie des névroses**
- **La technique psychanalytique**
- **Trois essais sur la théorie sexuelle**
- **Freud et la création littéraire**
  Recueil de textes

FÉVRIER 2010

- **L'interprétation du rêve**

AVRIL 2010

- **Dora**
- **Totem et tabou**

AUTRES ŒUVRES DE FREUD

DANS LA COLLECTION « BIBLIOTHÈQUE DE PSYCHANALYSE »

- **Abrégé de psychanalyse**
- **Contribution à la conception des aphasies**
- **Études sur l'hystérie**
- **L'Homme aux rats**
  Journal d'une analyse
- **Lettres à Wilhelm Fliess, 1887-1904**
- **Lettres de famille de Freud et des Freud de Manchester**
- **La naissance de la psychanalyse**
- **Névrose, psychose et perversion**
- **Résultats, idées, problèmes**
  Tome I : 1890-1920
- **Résultats, idées, problèmes**
  Tome II : 1921-1938
- **La vie sexuelle**

DANS LA COLLECTION « HISTOIRE DE LA PSYCHANALYSE »

- **Correspondance complète (1908-1939)**
  Sigmund Freud, Ernest Jones

AUTOUR DE FREUD

EN POCHE

- **Freud**
  Roland Jaccard
  QUE SAIS-JE ?
- **Le freudisme**
  Paul-Laurent Assoun
  QUADRIGE / GRANDS TEXTES
- **La vie et l'œuvre de Sigmund Freud**
  Tome I - Les jeunes années, 1856-1900
  Ernest Jones
  QUADRIGE / GRANDS TEXTES
- **La vie et l'œuvre de Sigmund Freud**
  Tome II - Les années de maturité, 1901-1919
  Ernest Jones
  QUADRIGE / GRANDS TEXTES
- **La vie et l'œuvre de Sigmund Freud**
  Tome III - Les dernières années, 1919-1939
  Ernest Jones
  QUADRIGE / GRANDS TEXTES
- **Sigmund Freud / Volume 1 - 1886-1897**
  Françoise Coblence
  PSYCHANALYSTES D'AUJOURD'HUI
- **Sigmund Freud / Volume 2 - 1897-1904**
  Laurence Kahn
  PSYCHANALYSTES D'AUJOURD'HUI
- **Sigmund Freud / Volume 3 - 1905-1920**
  Paul Denis
  PSYCHANALYSTES D'AUJOURD'HUI
- **Sigmund Freud / Volume 4 - 1920-1939**
  Ruth Menahem
  PSYCHANALYSTES D'AUJOURD'HUI

EN GRAND FORMAT

- **L'écriture de Freud**
  Janine Altounian
  BIBLIOTHÈQUE DE PSYCHANALYSE
- **Freud, fragments d'une histoire**
  Alain de Mijolla
  LE FIL ROUGE
- **Dictionnaire freudien**
  Claude Le Guen
  GRANDS DICTIONNAIRES
- **Dictionnaire des œuvres psychanalytiques**
  Paul-Laurent Assoun
  GRANDS DICTIONNAIRES
- **Sigmund Freud et Romain Rolland**
  Correspondance 1923-1936
  Henri Vermorel, Madeleine Vermorel
  HISTOIRE DE LA PSYCHANALYSE
- **Lire Freud**
  Jean-Michel Quinodoz
  HORS COLLECTION